城市交通共享汽车的
出行用户画像

许研 著

中国财经出版传媒集团

经济科学出版社

Economic Science Press

图书在版编目（CIP）数据

城市交通共享汽车的出行用户画像／许研著 . -- 北
京：经济科学出版社，2023.6
ISBN 978 - 7 - 5218 - 4783 - 3

Ⅰ. ①城…　Ⅱ. ①许…　Ⅲ. ①城市交通 - 出租汽车 -
运输需求 - 市场预测 - 研究 - 中国　Ⅳ. ①F572.7

中国国家版本馆 CIP 数据核字（2023）第 099138 号

责任编辑：侯晓霞
责任校对：齐　杰
责任印制：张佳裕

城市交通共享汽车的出行用户画像
CHENGSHI JIAOTONG GONGXIANG QICHE DE CHUXING YONGHU HUAXIANG

许　研　著
经济科学出版社出版、发行　新华书店经销
社址：北京市海淀区阜成路甲 28 号　邮编：100142
教材分社电话：010 - 88191345　发行部电话：010 - 88191522
网址：www. esp. com. cn
电子邮箱：houxiaoxia@ esp. com. cn
天猫网店：经济科学出版社旗舰店
网址：http：//jjkxcbs. tmall. com
北京密兴印刷有限公司印装
710 × 1000　16 开　11.75 印张　200000 字
2023 年 6 月第 1 版　2023 年 6 月第 1 次印刷
ISBN 978 - 7 - 5218 - 4783 - 3　定价：58.00 元
（图书出现印装问题，本社负责调换。电话：010 - 88191545）
（版权所有　侵权必究　打击盗版　举报热线：010 - 88191661
QQ：2242791300　营销中心电话：010 - 88191537
电子邮箱：dbts@ esp. com. cn）

前　　言

　　共享汽车是指消费者租赁共享平台提供的车辆，用车由智能移动终端App操作完成的一种新兴交通方式，包括了以分时租赁共享汽车、网约车、拼车为代表的一大批创新共享服务平台。共享出行一方面满足了消费者"化繁为简"的出行需求；另一方面，实现了车辆资源的有效利用。2017年交通运输部等十部委联合发布的《关于鼓励和规范互联网租赁自行车发展的指导意见》是全球首份有关共享出行的国家层面文件。《交通运输大数据发展行动纲要（2020－2025）》强调"鼓励各类市场主体培育'出行即服务'新模式"。共享汽车既有利于我国智慧交通的发展，又有利于"双碳"目标的实现。

　　本书对网约车、分时租赁共享汽车等出行方式进行了基于出行订单、城市空间兴趣点、社交媒体大数据挖掘，并结合典型用户访谈、问卷调研等多手段系统化分析，考察了共享汽车的出行目的、出行场景、出行时空分布特征、服务痛点情况，梳理了目前共享汽车发展中存在的问题及解决对策。

　　目前共享汽车发展过程中存在着交通承载功能定位不清、与公共交通系统衔接不畅、影响运营的核心技术发展不利等问题。具体而言，一是各种共享汽车方式对自己在整个交通系统中承载的功能定位不清。对自己的出行竞争优势认知不清，导致了一定程度的盲目扩大布点、盲目投放车辆，低价推广等野蛮发展迹象。二是私营共享交通与公共交通系统在物理换乘、一体化调度和结算支付等环节均存在衔接困难。大部分共享出行只是单一方式的出行，消费者没有形成组合方式出行的出行习惯。这对于一体化共享出行服务来说，其市场需求还没有形成气候，推广初期将面临较大的困难。三是共享汽车运营的核心技术欠缺。尤其是用户监管技术这类对规范用户行为、提升安全出行率、节约运营成本、规范运营均具有关键意义的核心技术，没有实质性的研发突破，发展缓慢。

基于以上研究发现本书提出的产业发展合理化建议包括：一是将共享汽车特色出行场景作为其车辆投放备案和企业绩效考评的指导原则；二是引导共享汽车由单一方式向组合出行方式发展，促进共享交通与公共交通系统在一体化规划、预约和支付等方面的融合；三是鼓励企业重视技术研发，以技术领先战略替代规模领先战略。促进参与主体在交通体系中的长期健康发展，助力智慧交通、智慧城市建设。

目前的发展阶段，网约车订单主要服务于"通勤出行"和"市内商务区的出行"，两种出行分别占网约车订单总量的40.3%和28.7%。网约车订单占比最大的是商务区内部和往返于该区域的出行。该区域一般位于城市中心，覆盖了大部分产业示范基地和CBD商务中心。分时租赁共享汽车主要服务非通勤出行，其特色出行场景是"往返城市旅游景区的出行"、"城市旅游景区之间的出行"和在公共交通和出租车供给空白的时空里"外城住宅商务混合区的午夜出行"。这三种出行分别占分时租赁订单总量的24.4%、6.9%和5.5%，体现了其作为公共交通补充的重要作用。

在这些共享汽车的特色出行场景中分时租赁或网约车与其他交通出行方式相比，或者费用更低，或者更具备私密性和灵活性，具有较大的竞争优势。共享出行企业可以将本研究挖掘到的出行场景作为出行特色定位，提供区别于其他交通出行方式的差异化服务，更好地推广和运营。

政策管理部门在出台共享出行企业布点和车辆投放指导建议时，在备案管理和监督规范企业行为时，可以将共享汽车的特色出行场景作为重要考量依据，帮助共享出行企业发挥自身优势，做好城市交通的补充。

共享汽车的未来趋势是从单一出行方式向组合出行发展。广州共享出行服务一体化平台已经开始运行无人 Robotaxi 和 Robotbus。但目前城市网约车、分时租赁、共享电单车等均是以单一出行方式为主，只有共享单车实现了一定程度的与公共交通组合出行。北京市交通委与高德地图联合打造的北京出行服务一体化平台虽然接入了公交车、地铁、出租车、快车、顺风车，以及共享单车各类车型，但平台在行程一体化规划、预约和支付功能中公共交通与共享交通仍是割裂的。未来可以从改善物理换乘条件激发共享汽车用户的组合出行意愿入手，培养组合出行习惯，形成初期市场需求，提升市场规模。

在共享汽车企业具体发展策略的研究中，通过对共享出行用户讨论帖中用户反馈、情感态度和口碑的分析，发现虽然共享汽车服务的问题体现在车辆、体量和规模、与经营伙伴关系、技术和服务意识等多个方面，但用户监督管理技术缺失问题尤为突出。用户监督管理技术缺失不仅是用户责任风险、不良顾客和卫生清洁等问题背后更深层的原因，而且可以通过负面口碑传播引发用户间的破窗效应，导致负反馈循环。

具体改善措施包括：鼓励共享汽车行业发展车联网技术、车辆控制技术等对车辆各部件进行实时监控的技术手段。提升用户行为鉴别能力、用户信用准确记录和实时更新的能力。对于用户监管技术研发有重大突破的企业进行科技奖励、税收减免等鼓励措施。鼓励共享汽车企业在战略目标中以技术研发领先战略取代规模领先战略。通过对 2019 年和 2020 年的用户论坛实证考察，我们发现用户监管等核心技术在用户反馈中是空白的。用户依然对取还车定位错误、还车误扣费、违规停车误判、交通违规误判等抱怨很多。其原因可能有两个：一是技术应用了，但用户没感知到，是沟通宣传不够导致的用户认知问题；二是有的技术只停留在概念演示阶段，没有达到商业应用水平。对此，建议对技术领先的网约车企业进行宣传，提升其行业地位和社会地位。让技术领先的企业带头进行技术标准的全行业推广。

本书的撰写和出版得益于各界专家、同行、师友和学生的支持、鼓励与帮助，在此郑重感谢！感谢我的学生李思琦同学对本书部分校对工作的辛勤付出。本书系教育部人文社科规划项目"交通一体化服务 Maas 对共享汽车出行场景的重塑研究"（21YJAZH098）、北京市社会科学基金青年项目"基于用户画像的北京市 B2C 共享出行产业发展对策研究"（18GLCO80）、北京市教育委员会北京市属高校教师队伍建设支持计划"Maas 出行一体化服务中私营共享交通的发展策略研究"（BPHR202203040）资助的研究成果。谨以此书献给数字经济时代背景下持续关注共享出行发展的研究者和实践者。

许研
2023 年 3 月

目　　录

第一章 绪 论

第一节 研究背景

共享出行是指消费者以分钟计时租赁共享平台企业提供的车辆，取、还车自助操作的创新交通方式（Botsman，2014），包括由平台提供服务的分时租赁共享汽车、共享单车等（荣朝和，2018）。

共享出行的自身优势巨大，被视为一种新的可持续发展的交通政策工具。一方面共享出行满足了消费者"化繁为简"的出行需求，共享使用户避免了购买、维护、保险、清洁、寻找停车位等拥有车辆的麻烦，同时享受灵活自由的出行（陈小鸿，2018）；另一方面实现了车辆资源的有效利用（Fournier，2013），我国的共享单车平均每天被租用 5 次。分时租赁共享汽车平均每天被租用 2.3 次，日均行驶里程 68 公里。每辆共享汽车替代了 4～23 辆私家车（Shaheen et al.，2009；Efthymiou，2013）。此外，共享出行还具有环保优势。巴黎的 Velib 共享单车项目每天提供 7.8 万次绿色出行，减少 57.7 吨的二氧化碳排放（Shaheen et al.，2010）。我国共享自行车一天可提供 7000 万次的绿色出行（国家信息中心分享经济研究中心，2018）；分时租赁共享汽车多采用纯电动汽车运营，按油、电全生命周期成本计算，电动汽车每公里比燃油汽车节省 0.054 千克燃油，减少 0.073 千克二氧化碳排放（中国汽车工程学会，2018）。

共享出行产业规模较大。共享出行产业参与者既有车辆制造厂商、传统租赁企业，也有互联网公司。95% 的分时租赁共享汽车使用纯电动车运营（彭波等，2017），因而产业还包括了新能源汽车生产企业、充电桩企业、车联网技术企业等。共享出行产业的终端还连接着城市交通系统。截至 2018 年 6 月，我国共享单车运营企业 70 多家，共投放了共享单车 2000 多万辆，注册用户达 4 亿（国家信息中心分享经济研究中心，2018）；分时租赁共享汽车运营企业超过 400 家，投入运营的共享汽车数量超过 10 万辆（前瞻产业研究院，2018）；产业员工约 14 万人（荣朝和，2018）。

但目前共享出行尤其是共享汽车产业正陷入困境。2017 年出现了首个破产高潮，3 家分时租赁共享汽车和 5 家共享单车企业退出市场。2018 年又有 4 家分时租赁共享汽车和 4 家共享单车企业倒闭，如表 1－1 所示。分时租赁共享汽车的市场渗透率仅为 2.2%（中国互联网信息中心，2018），摩拜单车和 ofo 单车处于持续亏损状态，共享出行进入"至暗时刻"。

表 1－1　　　　　　　　　　2017 ~ 2018 年破产的共享汽车企业

行业	企业	成立时间	倒闭时间	车队数量（辆）	服务区域
分时租赁共享汽车	友友	2014 年 3 月	2017 年 3 月	300	北京
	零派乐享	2015 年 5 月	2017 年 7 月	100	北京、重庆、深圳、烟台
	Ezzy	2016 年 3 月	2017 年 10 月	500	北京
	途宽易	2017 年 4 月	2018 年 1 月	不详	广州、东莞、武汉、重庆等
	麻瓜出行	2017 年 7 月	2018 年 5 月	700	杭州
	中冠出行	2017 年 11 月	2018 年 6 月	30	济南
	兔司机	2017 年 11 月	2018 年 10 月	300	昆明等

这些问题产生的主要原因是共享出行产业由资本驱动，缺少深耕市场的过程。共享出行的用户体验差，用户黏性低。盲目扩张没有形成稳定的顾客源和健康持久的商业模型。共享出行的进入门槛很低，很多项目没有经过深入的市场研究，是热钱驱动下盲目的市场扩张。分时租赁共享汽车则被认为属重资产、高成本行业，规模化发展受到资本限制。无论是共享单车，还是共享汽车，运营商们都希望通过砸钱，拼数量、拼优惠力度，一直砸出品牌和用户习惯。但共享出行平台与一般的互联网平台不同，一般互联网平台的边际成本随着用户规模递减甚至为 0，互联网平台可以对消费者免费定价，迅

速扩大用户基础，并在双边平台网络效应的影响下扩大供给方和用户双方的规模，垄断市场，锁定用户。一般的互联网企业不用深究用户偏好和行为，只依靠免费定价策略和网络效应的自增长机制就可以产生较强的用户黏性。但共享出行是一种O2O（online to offline）平台线下的服务，运营成本巨大，其边际成本随着用户规模增加不减反增，这尤其体现在分时租赁共享汽车项目中。边际成本增加，导致短时间对用户的吸引无法转变为长期可持续的用户增长。因此，共享出行行业并不像看起来那样"门槛低"，只要有钱就可复制，且"规模化发展"也不是适合所有共享出行项目的金科玉律。如果说共享单车在不计成本投放单车的背景下，已经形成了共享单车出行习惯和一定的用户黏性，对共享汽车项目而言，目标消费群体和用户使用目的依然是个谜团。共享出行本来被寄希望于改善出行体验或出行场景，使高度分散的出行需求与各类交通供给更为有效地匹配，成为整个城市交通中的有力补充（荣朝和，2018），但脱离市场研究，缺少用户出行行为分析，就无法谈合理的定位和运营。资本退潮的行业整合期正是深耕市场、深入研究用户行为的最好时机。

总的来说，分时租赁共享汽车行业面临的问题是目标市场未知，使用场景模糊、混乱，缺少对特定目标消费群的培育，稳定的使用习惯暂未形成。对共享汽车出行而言，市场研究的主要任务是找到特定的用户群和使用场景，做好定位再谈策略。

因而本书将从共享汽车市场的需求端入手，研究用户的需求特点和出行规律，有针对性地为产业内的参与者制定策略，促进产业健康发展。同时，考虑到共享用户的广泛性和出行行为的复杂性，本书重点研究大数据环境下的出行用户画像在企业决策中的应用。

第二节　相关概念

一、共享出行需求特征研究

随着共享出行进入大众视野，国内外学者在用户类型、需求特征及使用场景等方面形成了大量研究成果。

首先，有关共享用户类型的研究。*When our is better than me* 一文通过对共享单车和共享汽车用户的调研发现，共享经验、共享替代购买的态度是辨识潜在用户的标准（Mitchell，2010）。此外，成功的共享是对非刚性需求的有效聚集和满足（Lamberton & Rose，2012）。佐普夫（Zoepf，2016）和埃夫蒂米乌（Efthymiou，2013）等调研发现，较大比例的使用意愿来自不规律出行的用户，例如大学生、已有私家车需要另一辆车增加出行自由度的家庭、家庭主妇、待业人士及老人等。

其次，有关需求特征的研究。用户画像的核心功能在于帮助企业明确什么因素驱使不同的用户群体购买或使用该企业的产品与服务。研究发现共享出行的低成本、无须存储、自助使用、与其他交通方式互联互通、环境友好、社交属性等方面的价值影响着用户决策（Ciari et al.，2016；De Luca et al.，2015；诸大建，2017；杨学成等，2016，2017）。但福尼尔等（Fournier et al.，2013）与卡明斯和拜尔（Cummins & Beyer，2015）发现环境友好和社交功能对需求的影响程度较低，可获得性——是否能方便地得到——是"共享"真正代替"自有"的关键。国内学者的研究发现在我国共享出行市场中如果消费者感知到无信任保障，其使用意愿会大大降低（谢雪梅等，2016；张鹤等，2017；王维才等，2017；杜丽群，2018），同时出行政策也是影响需求的关键因素（王健等，2017）。

最后，有关用户使用场景的研究。共享出行使用场景取决于共享用户的出行轨迹。出行特征模型假设出行概率与距离和空间位置繁华程度有关，繁华程度通常与人口密度近似（Gonzalez，2008；Barthélemy，2011）。除了人口因素外，韦索洛夫斯基（Wesolowski，2015）还使用了其他社会经济因素，如人均收入、商业机构、学生入学率和劳动力数量等，以及城市空间的资源供给和地理条件等变量来构建城市居民的出行模型。

现有的共享出行需求分析主要基于抽样调研和统计分析方法。研究方法存在着从样本考虑整体，从静态现状预测未来，从预先假设推导结论的局限性。研究内容较少考虑共享出行行为与其他社会活动的关联性，以及受情景影响的特征。由于共享服务比买卖交易面对更广泛的用户、更复杂的出行行为，结合出行大数据的共享需求分析是必要的。

二、用户画像研究

用户画像（customer profile）是以大数据为基础，从真实的用户行为中提炼特征属性，形成用户模型。最早由艾伦·库帕（Alan Cooper，1980）提出。用户画像通过全景式、高精度、动态化的样本分析，提炼用户类型、描述群体的虚拟用户形象，描述用户的旅程，理解用户使用过程中发生的需求细节、痛点和甜蜜点（亓丛和吴俊，2017）。可以广泛地应用在市场细分、产品设计、服务运营设计、精准营销等策略研究中（刘蓓琳等，2017；王凌霄等，2018；单晓红等，2018）。

首先，有关共享出行的客户旅程研究。如果说提炼典型场景中消费群体的虚拟用户形象是一种横向用户画像，那么用户旅程地图就是一种纵向的用户画像（Marquez et al.，2015）。用户旅程地图与场景研究相辅相成，完善用户画像研究。

其次，共享出行的服务痛点研究。用户旅程地图既可以放在研究之初，探测场景；也可以放在研究末端，寻找痛点、提出改进策略。旅程地图可以追随用户的脚步，将用户使用服务时的偏好和期望进行归纳，标签化处理，发现用户使用过程中的痛点和甜蜜点。

在出行用户画像的研究中，黄文彬等（2016a，2016b）利用移动通信用户大数据，从移动用户频繁活动、规律行为以及移动速度三个方面构建用户出行画像，分析了移动通信用户群体行为及用户间交互行为规律，并进行了用户出行行为的预测。何等（He et al.，2017）利用 Car2go 共享汽车在美国圣地亚哥市的行驶数据及订单数据，预测了未开展共享业务区域的共享出行需求。在交通出行优化领域，一些研究通过分析个体对相同交通工具相同的选择行为和影响因素，构建交通出行用户画像，应用于出行者的出行划分和诱导、公共交通优化和交通状况预警的研究（吕明和程歆，2017）。

这些研究成果为本书的撰写奠定了良好的基础，但尚未发现基于北京市城市特征、共享出行大数据进行的出行用户画像研究，同时也缺少出行用户画像对共享出行企业策略制定的应用研究。

第三节　研究内容

本书包含的研究模块及研究模块之间的逻辑关系如图1-1所示。

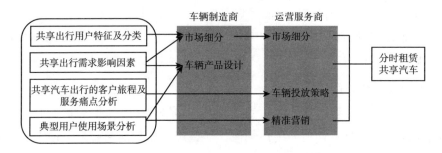

图1-1　研究内容总体框架

一、共享出行用户特征及分类

将共享出行用户的人口、生活方式、出行特征结合共享出行态度和使用行为，进行用户分类。考虑共享单车的定位明确，此模块主要研究分时租赁共享汽车，在此基础上设计分时租赁汽车的市场细分和定位战略。

具体用户特征分类变量。（1）人口特征：性别、年龄、收入、职业等。（2）生活方式特征：消费状况、购买力、消费地点偏好、教育选择、社交习惯等。（3）出行行为特征：家庭拥有车辆数量、出行工具使用偏好、出行规律、生活和工作商圈等。

二、共享出行需求影响因素

已有研究表明，已有车辆数量、已有的出行选择、出行成本差异、与其他交通方式互联互通、家庭收入、经济性、车型多样性、社会化需求、炫耀心态和环保意识是消费者选择使用分时租赁的主要影响因素。考虑到我国的共享出行市场政策影响显著，因此从共享出行服务价值、服务成本、服务便利性、消费者个人因素、环境因素、政策六个层面分解分时租赁共享汽车和共享单车的需求影响因素。

制造厂商可以依据这些明确、细化的需求偏好设计适合共享出行需求的车辆产品。需求偏好也可以辅助设计制造厂商和运营服务商的市场细分战略。

三、共享汽车出行的客户旅程及服务痛点分析

此研究模块在面对亲身经历不同出行场景的用户体验进行内容挖掘。用户体验爬取的具体内容包括：出行链回顾、出行链共享汽车提供的服务流程、乘车的满意度分析、乘车流程的关键节点及痛点分析。提炼典型用户群体的出行活动链条，归纳用户在每个出行活动中的需求细节、痛点和甜蜜点，以及对不同共享出行服务的态度。并基于用户认知和反馈建议提出对于共享汽车的服务改进建议，提升共享汽车平台服务体验，可以作为运营服务商改善运营和管理策略的决策依据。

四、典型用户使用场景分析

结合典型用户群体进行深入访谈和出行大数据，归纳分析不同类型用户在使用共享出行工具前、中、后的行为及其概率。结合出行记录起始位置的城市功能类型，判断出行意图和出行场景。在此基础上，帮助共享出行运营服务商优化其服务策略，以及设计定制的广告投放、推广活动等精准营销策略。

第二章 出行方式的共享化转型

第一节 传统私家车出行方式面临的挑战

大规模拥有私家车对社会产生的污染、能源耗竭、交通拥堵等负外部性促使 1948 年第一个汽车分时租赁共享汽车系统——Sefage 在瑞士苏黎世投入运营。但是要做到面向公众的汽车共享，需要在驾驶里程计数、租借钥匙、还车等环节实现充分的去人工化。20 世纪 90 年代德国和瑞士的分时租赁组织（European Carsharing Organizations，CSOs）开始开发能够支持分时租赁运营的自动化技术。自此该商业模式被大范围推广，并被公众熟知。为了继续保持汽车作为代步工具的优势地位，降低用车成本及负外部性，一些大型车企也纷纷开始发展分时租赁商业模式。

汽车共享业务的出现还得益于生态、经济、社会环境的改变和技术创新。除了人们的生态环保意识提高之外，社会观念也发生了很多变化。目前除了在发展中国家还有一些迅速增长的汽车需求之外，在发达国家将汽车作为必须累积的固定资产的需求正在减少，即汽车价值在减小。是否一定要拥有汽车作为代步工具的问题逐渐浮现出来。Cetelem 咨询公司对欧洲 10 国的 6000 位汽车用户进行调研，其中 36% 的用户表明他们有意愿放弃私人汽车转为租车代步。2009 年德国联邦汽车运输管理局进行的调研显示，在德国18～29 岁年龄段的新车消费者比例比 10 年前减少了近一半。由于环境保护的宣传，经济水平的提高，价值观的转变，年轻一代消费者对拥有一辆汽车的兴趣正在逐渐淡薄。

与之相反的是，一种共享、拼车的消费观念正在逐渐兴起。购买汽车也逐渐被购买驾车服务的观念取代。购买驾车服务不仅有花费少等财务上的优势，还通常和年轻人熟悉的移动互联网联系紧密。经常使用移动互联网的年轻人，对智能手机操作的汽车共享服务可谓驾轻就熟。因此，专家预计在未来的 20 年里，传统的汽车交易市场将无法吸引年轻的购买力，年轻人不再追求"拥有一辆私人汽车作为交通工具"。

正是这些环境因素的改变，使未来汽车行业的主流可能被"汽车短租"，或"拼车"，或其他一些全新的商业模式取代。对于现在的汽车制造巨头来说，关注这些环境的改变，顺势发展全新的产品（纯电动汽车）或全新的商业模式（出行共享）是非常关键的战略选择。

第二节　共享化带来的机遇

人们的出行习惯已经在滴滴、Uber 等互联网公司的引导下发生改变，伴随着半自动和全自动驾驶技术的突飞猛进，分时租赁共享、共乘拼车成为汽车行业的一个热议话题，人们正在憧憬分时租赁带来的幸福场景。在不久的将来，汽车会更理解人类、更加友好，会方便到"招之即来、挥之即去"。汽车产业快速发展带来的高排放、高拥堵、停车难和养车贵等棘手问题，很有可能随着汽车共享模式的发展迎刃而解。

汽车共享保证了汽车作为消费者主要出行工具的地位没有被动摇，反而得到了加强，只是汽车的所有权归属有所改变。消费者无须再考虑汽车本身的维修保养等问题，放心无忧地享受汽车的便利。尤其对于电池技术还存在提升空间的纯电动汽车，分时租赁、出租车和共乘等服务提高了消费者的电动车使用率。

从经济属性来说，利特曼（Litman）等通过分析消费者使用数据认为，对于驾驶里程小于 10000 公里/年的消费者来说，共享汽车是比私家车更划算的一种代步方式。

从缓解交通压力来说，十多年的运营结果表明分时租赁提高了城市居民的出行效率。根据美国交通部的研究，20世纪90年代约90%的通勤出行和58%的非工作出行都驾驶私家车，这些私家车的平均停驶时间是23小时/天。私家车95%的时间需要停在车位上，而车位占据了很多土地。与之相反，共享汽车则是长时间行驶在路上，短时间停在车位。因此通过大幅度减少高密度地区的停车位需求，疏解了交通压力。从短期来看，共享汽车可以减少高密度地区的交通高峰期停车需求；从长期来看，共享汽车可以减少家户的平均汽车拥有量。两个方面都有利于提升交通系统效率。

从环境保护角度来说，汽车共享模式有效减少了温室气体和二氧化碳的排放；减少了汽油发动机引起的噪声污染。同时，停车位需求的降低也有利于增加绿地供给。

第三节　共享汽车出行的内涵与外延

狭义的共享汽车是指像共享单车一样，是一种以时间为计价单位，利用移动互联网、全球定位等信息技术构建网络服务平台，为用户提供小微型客车自助式车辆预订、车辆取还、费用结算等服务的客车租赁业务。国内称之为分时租赁共享汽车，国外将其直接称为汽车共享服务。最初的形式是车主将私家车拿出来供社区邻居使用，从而分担私家车的购置及保养维护成本，后来逐步演化到由运营公司开展运营。电动汽车作为服务车辆的运营项目在近些年才在世界多地出现，规模从数十辆到数千辆不等。

广义的共享汽车是多人共同使用一辆汽车出行的商业服务。共享汽车服务乘着互联网发展的东风，整合了社会中的一些闲置资源，例如车辆、劳务、技能等。运用大数据等技术搭建平台，使各种资源得以共享。驾驶员只有使用车辆的权利但没有所有权，这就像在租车公司快速租车。这个过程很简单，通过电话或者在线上就可以预约订车。共享汽车系统的建立以及维护主要是企业本身完成的，无论是从汽车保险、驾驶员资质以及汽车的停放区域的划分等都作出了相应的规划。市场与租赁相关的商业服务都可以计入共享汽车的范畴，例如网约车、顺风车、传统汽车租赁等。本书的研究对象主要以狭义的共享汽车，即分时租赁共享为主，辅以网约车的相关研究。

汽车分时租赁的原理很简单：个人或家庭不再拥有汽车，而是通过随时取用分时租赁汽车来满足驾车出行的需求。分时租赁公司拥有汽车，承担着汽车维修保养、保险和税收，并经营着一定规模的租赁网络。消费者不再支付汽车的固定成本，只支付行驶产生的变动成本。分时租赁的未来目标是减少整个社会的汽车出行成本。

消费者使用分时租赁系统时，首先通过手机 App、网站或拨打用户中心电话查找附近的空车。可以提前 30 分钟预订，也可以直接使用周边的可用空车。分时租赁主要有两种运营方式，A2A 和 A2B。A2A 要求分时租赁汽车返回原租赁点还车。A2B 方式要求到达目的地后，可以将分时租赁汽车停在目的地周边的指定停车位，还车后刷卡自助结算费用。

第四节　鼓励共享汽车发展的相关政策

如此对各方均有利的交通解决方案，正在逐渐地被国内外的政策制定者青睐，吸纳进城市公共交通系统。一些政府官员公开表示对分时租赁业务的肯定和支持。西雅图市的市长迈克尔（Michael）认为分时租赁是城市公共交通系统的有效补充，他认为，有了分时租赁，再结合出租车、COTA 巴士、CoGo 公用自行车，我们城市居民不用私家车也可以想去哪就去哪。再以德国巴登符腾堡州首府斯图加特市为例，它的目标是建成欧洲最具创新性的交通系统，州长温弗里德·克雷奇曼（Winfried Kretschmann）认为，分时租赁系统是保证其城市交通系统稳健发展的重要组成部分，整个分时租赁系统可以展示作为汽车工业核心的巴登符腾堡州如何利用尖端科技和移动互联技术同步发展经济并保护环境，这必将成为一个典范。大众汽车公司认为未来的分时租赁市场将以每年 50% 的速度增长，2025 年的欧洲市场将达到 1.41 亿欧元。因此，对于汽车制造企业而言，发展新能源汽车并开发分时租赁等出行模式是当前非常关键的战略选择。

在我国，随着2018年共享单车行业发展，基于互联网技术位置定位服务的成熟，以及国家对新能源汽车的推广，分时租赁模式应运而生。汽车分时租赁作为满足社会公众个性化出行、商务活动、公务活动和旅游休闲等需求的交通服务方式，相继在北京、上海、广州、深圳等地兴起。国家和地方层面政策法规对汽车分时租赁行业起到良好的指引作用，规范企业经营发展，更好地满足人民群众不断增长的个性化出行需求。

（一）国家层面

2017年8月8日，交通运输部、住房城乡建设部正式发布的《关于促进小微型客车租赁健康发展的指导意见》（以下简称《指导意见》）意味着"分时租赁"这一新生行业在国家层面得到认可。虽然此前上海、深圳等城市已经出台了地方性分时租赁政策，但此次《指导意见》的出台无疑是给分时租赁行业未来发展奠定了基调，给运营企业打了一针强心剂，将对分时租赁规模化发展起到促进作用。

（二）地区层面

各地政府都鼓励使用新能源汽车进行分时租赁；都鼓励充电服务网点、服务区的建设，虽然各地对地区的选择有细微差异，但思路基本一致，即选取政府机关、公共机构、国有企事业单位、道路停车场及机场、铁路等对外大型交通枢纽和P+R停车场等公共场所或者稍偏僻地区；都鼓励分时租赁汽车纳入政府的管理平台之下，政府和企业之间实现数据和信息的共享；此外，各地都有相关的补贴政策扶持分时租赁企业的发展。

1. 发展规划方面，上海和成都具体指明了未来几年本市要具体达到的分时租赁产业规模，包括分时租赁汽车数量、充电设施的建设数量，因此相对于深圳、广州和杭州来说，上海和成都的产业发展有明确的量化指标，更容易评价分时租赁产业规模以及发展进程。

2. 各地对开展分时租赁的汽车要求略有不同，深圳明确指出分时租赁汽车必须是纯电动车辆，并且车辆所有权和经营权不得分离，即只有电动汽车的企业才能进行分时租赁业务；与广州类似，成都是将电动汽车作为分时租赁主要发展方向，广州不提倡使用非新能源汽车开展分时租赁业务，在营运的非新能源分时租赁汽车应逐步更新为新能源汽车，可见纯电动汽车应用于分时租赁业务将是大势所趋，整车制造厂进入分时租赁行业会有优势。

3. 在分时租赁汽车使用方面，深圳对使用分时租赁汽车押金提出了设立押金专用账户或委托第三方机构托管，保证专款专用的建议，同时指出要建立个人信用评价系统。其他几个城市则没有涉及，但是根据《指导意见》中指出的"鼓励分时租赁经营者采用信用模式代替押金管理"，因此，信用模式将会成为汽车分时租赁主流模式，并将逐步代替押金管理模式。

4. 承租人方面，深圳和广州提出了相应要求，深圳对承租人采用身份核验的政策并通过与承租人签订租赁合同保障企业与承租人权益，广州则提出明确要求承租人必须年满 18 周岁，取得驾驶证，拥有一年以上驾驶经历。两地区政策的表述虽有不同，实际上目的都是对承租人进行评估，确保有资格从事租赁业务，保障承租人权利和企业的权益。

5. 在鼓励分时租赁进一步发展方面，上海和广州鼓励通过建立分时租赁企业联盟或者兼并、重组等方式，协作开发应用统一的分时租赁服务平台，实时提供网络预约服务，促进分时租赁行业发展，深圳、成都、杭州暂未出台政策指导分时租赁行业发展。实际上，联盟或者兼并等方式更容易为企业获得竞争优势，企业应该开放思维，主动寻求合作，强强联合实现跨越式发展。

6. 另外，深圳对未履行安全生产管理职责的经营者引入惩罚机制，对违反交通有关规定的车辆和企业进行罚款；广州开展了"新能源＋分时租赁"试点工程和示范区建设，管理经验再推广至其他区域；成都对车的技术性能、装备以及车身广告等做了相关要求。这几项都是有特色的分时租赁管理方法，未来各地政府应取长补短，吸收上述城市管理经验和管理办法，制定更加完善的制度准则。

第五节 共享汽车引发的出行产业链变革

下面就以戴姆勒奔驰公司的 Car2go 和 Autolib 两个分时租赁项目为例，简要介绍分时租赁共享引发的出行行业及相关产业变化。

一、出行市场的变革

Car2go 是戴姆勒公司旗下子品牌戴姆勒移动服务开发的创新交通解决方案，它们希望借由此方案解决城市中日益增长的个人交通需求。

2008 年 10 月，戴姆勒在德国乌尔姆市推出了 Car2go 的业务雏形，但仅限于戴姆勒内部员工使用，可以算作该创新商业模式的一次内测。之后 Car2go 发展迅速，截至 2015 年 3 月，Car2go 拥有 1.3 万辆汽车，在 8 个国家的 29 个城市开展了汽车共享业务，消费用户超过 100 万人。以西雅图为例，Car2go 进驻该市的两年时间里，350 辆汽车的服务系统已经成功地吸引了 5.9 万用户，约占全市人口（64 万人）的 9%。

与传统汽车分享业务相比，Car2go 服务系统的优势明显。传统的汽车分享业务具有两种运营模式：第一种是以租车站点形式存在，租车与还车必须到相同的公司经营站点，例如 Quicar 等公司；第二种是可以将车开到不同的公司经营点去还车，例如巴黎的 Autolib 公司。第二种方法虽然提高了用户的便捷性，但建立运营站和车辆管理成本却大大提高了，Autolib 公司拥有 3000 辆汽车 6000 个停车位，却在巴黎全市开设了 1000 个经营站。该经营模式预计需要 7 年的时间才能收回成本。Car2go 服务系统的优越之处在于，首先，其还车更加自由，用户不用到租车公司的汽车集散点去还车，在任何与目的地周围的 Car2go 定制车位或符合 Car2go 停车条件的车位都可以停车离去；其次，对租车公司而言不需要建立运营站，只需要停车位，降低了成本。

通过对 Car2go 品牌的打造，戴姆勒已成为汽车共享领域的市场领导者。

Car2go 是在城市的某一特定区域，通过提供几百辆两座 Benz Smart 汽车的自由租赁，来解决城市公共交通中"最初一公里和最后一公里"的交通不便的问题。目前的 Car2go 业务主要集中在欧洲和北美洲的大型城市，可以在城市内部区域提供单程的点对点的汽车租赁，提供 Smart for Two 单一车型。用户可以选择按分钟、小时，及按天付费方式。与传统租车公司有集中的租赁地点不同，消费者可以通过手机软件的操作，在任何 Car2go 的法定停车地点开始使用汽车。该商业方案的成功运作，使 Car2go 为戴姆勒赢得了一些世界荣誉，例如，Car2go 被温哥华快递行业评为"最好的汽车共享方案"，被奥斯汀商会授予"最佳奥斯汀商业奖"以奖励 Car2go 对城市交通的贡献，以及被美国环境保护协会（Environmental Protection Agency，EPA）授予"2010 年 EPA 杰出大气环保奖"等。截至 2015 年 3 月，Car2go 用户超过 100 万人，并成为世界最大的汽车共享租赁公司。

Car2go 的定位是填补城市公交地铁、出租车、公共自行车汽车租赁等主要的公共交通方式的空白，成为这些公共交通系统之外的，不需要承担私人汽车的固定成本，但仍能享受私人汽车的便利优势的一种更加灵活、快捷的城市居民辅助出行方式。其目标消费群体是备受城市交通困扰，低收入但具有开车需求的城市居民。

此种交通解决方案与传统公共交通或传统汽车出租行业，甚至是传统汽车共享公司相比的优势在于：车型的独特性，节省停车空间，可以灵活停车；简化停车搜寻；更少的尾气排放，减少二氧化碳排放，保护环境；车型虽小但能够满足出行要求；有助于降低私家车需求；有助于降低轿车的使用；由于与公共交通的便捷连接，增加了对公共轨道交通的使用及公共交通系统的联运能力和机动性。

在 Car2go 运营较好的美国西雅图市，平均每辆分时租赁汽车每天会被使用 6 次之多。消费者分析显示，Car2go 对西雅图居民目前的低水平汽车生活是有帮助的。通过不同交通工具的换乘，每家每户少用一辆汽车也可以达到同样的交通出行目的。如果像 Car2go 这样的快捷汽车租赁方式一直存在的话，至少 3% ~4% 的 Car2go 用户会完全放弃私家车。

二、对传统汽车租赁和充电行业的挑战

Autolib 是由巴黎政府推动，并由 Bolloré 集团负责运营的一个电动汽车分组租赁项目，该项目成立于 2011 年 12 月，是巴黎在 2007 年成功建立公共自行车租赁项目 Velib' 后，满足巴黎市民出行的后续项目。

该项目主要由巴黎市政府提出，并于 2008 年 12 月公开招标运营。2010 年 6 月初选择了包括 Bolloré 在内的三家候选企业，同年 12 月，Bolloré 以能提供全方位的服务并保证低价租赁最终胜出，并于 2011 年 5 月 4 日签订协议。Autolib 项目于 2011 年中开始建设，10 月到 11 月投入了 66 辆电动汽车进行试运营。到 2012 年 6 月，有 650 个停车充电站点投入运营，到 2012 年底，该项目在巴黎已有 710 个租赁站点和 5000 个充电桩投入运营。此外，Autolib 还面向个人和企业提供车辆长租服务。

Autolib 还可以为私人电动汽车或电动摩托车提供充电服务，私人电动汽车车主需要事先注册成为充电会员，会员分包年或包月，电动汽车每年 180 欧元，或每月 15 欧元，电动摩托车每年 15 欧元，每辆车会分配一个固定的充电车位，每次充电时间不能超过 2 小时 15 分，电动汽车每超半小时收取 6 欧元，电动摩托车每超半小时收取 3 欧元，并且私人车辆每辆车每天最多只能使用两次 Autolib 的充电桩进行充电。2014 年初，雷诺的私人车主可以免费利用 Autolib 的充电桩。Autolib 的充电设施兼容以下车型：宝马 i3、日产 Leaf、三菱 imiev、欧宝、雷诺、丰田普锐斯插电式混合动力车和所有 smart ED，以及 2013 年 5 月份之前生产的标致和雪铁龙。

另外，Bolloré 集团从 2013 年 2 月开始零售 Bluecar，出售的车辆车身为蓝色，而用于租赁的 Bluecar 全部为灰色。零售的 Bluecar 只需要每个月缴纳 15 欧元，就可以利用 Autolib 的充电网络进行充电。

三、引发汽车制造业的变革

Bolloré 是一家以交通运输和物流为主营业务的集团企业，它通过与其他

企业合作来为 Autolib 提供运营服务。

在车辆设计方面，Bolloré 与某知名电池制造商进行合作，研制出了 Blue-car 纯电动汽车，该车型长 3.65 米、四人座、带 0.35 立方米行李箱。其核心技术是新一代聚合金属锂电池，充满后可使车辆在市区内行驶 250 公里，限速 50 公里/时，可在高速公路行驶 150 公里，限速 130 公里/时。该行驶里程对于面积仅有 105 平方公里的巴黎市来说完全能满足日常需求；另外该电池的安全性能也非常优越，可以保证在 180 度高温时不起火，而通常采用其他技术生产的电池在 70 度时就有燃烧风险。

在车辆生产方面，Bolloré 起初与意大利汽车设计制造商 Pininfarina 合作生产制造，2013 年 9 月宣布与法国制造商雷诺合作生产 Bluecar。

充电设施由 Bolloré 自己提供，通过与电力供应商的合作形成充电网络。该充电网络不仅可以为 Bluecar 进行对接充电，充电设施还兼容其他品牌的电动汽车充电接口。每个租赁站点平均约有 7 个充电停车位，其中有 1 个是专门为社会车辆提供充电服务的。

Autolib 的 ICT（信息、通信、技术）服务同样由 Bolloré 自己提供。通过 ICT 系统可以为用户提供预约车辆、预约停车位、了解周围站点情况、网上注册会员及查找充电站点等服务。

第三章 国际共享汽车发展历程及启示

第一节 共享汽车概念溯源

汽车共享由来已久。早在 1948 年，在瑞士苏黎世就诞生了第一个汽车共享项目——Sefage。项目探索通过共享模式满足人们的出行需求，同时避免拥有汽车所产生的负担，如购置、维修保养和税收保险等费用。共享出行的价值理念在瑞士生根发芽，并在 20 世纪 80 年代慢慢形成了两个比较大的组织：Car Sharing Cooperative ATG 和 Share Com。这两大组织在 1997 年合并成 Mobility CarSharing Switzerland。截至 2014 年底，该组织已拥有 2700 余辆汽车，服务 500 个城镇，用户 12.03 万人。

20 世纪 90 年代，分时租赁模式在欧洲有了新的拓展，还被推广应用到美国、加拿大、亚洲等国家和地区。在向公众宣传时，有的企业这样向公众解释共享理念，"你要喝一杯牛奶，需要养一头牛吗？"一些汽车共享项目被公众熟知（见表 3-1）。

表 3-1　　　　　　　　　　汽车共享的早期项目

年份	国家	项目名称	运营概况
1987	瑞士	Mobility CarSharing Switzerland	1200 辆汽车，800 个租赁网点，服务 300 个社区，26800 用户
1988	德国	Stadtauto Drive	300 辆汽车，用户 7000 人，服务柏林和汉堡两个城市
1997	法国	Praxitele	50 辆电动汽车，11 个租赁网点，1999 年停止运营

续表

年份	国家	项目名称	运营概况
1997	日本、新加坡	Car Coop	采用三菱、梅赛德斯多车型运营，定位豪华车租赁
1998	美国	CarLink	12 辆 Honda 天然气汽车，服务北加州地区
1999	美国	Intellishare	15 辆 Honda 电动汽车，只供白天使用，服务于南加州地区加州大学河滨分校的学生、教师和职工
1998	英国	CampusCar	服务于克兰菲尔德大学
1999	美国、加拿大等	Zipcar	从美国坎布里奇市拓展到全美、加拿大、英国等地，到 2015 年全球拥有 70 万用户

第二节　国外共享汽车发展动态

当美国人罗宾·蔡斯（Robin Chase）听到朋友在德国使用共享车辆时，她内心深处的创业梦想找到了起点，她与创业伙伴于 1999 年在马萨诸塞州坎布里奇市开启了带有互联网理念的共享汽车项目——Zipcar。Zipcar 希望让租车能够像 ATM 取款一样方便，用车人随时可以在几秒钟时间内完成预约、开车等活动。为了让分时租赁简单易行，Zipcar 开发了面向消费者的应用网站，管理车辆和服务用户的后台业务，以及协助用户开关车门、驾驶车辆的车内硬件系统。

Zipcar 在 2013 年被 Avis 汽车租赁公司收购时，汽车规模达到上万辆，会员达到 76 万人。随着 Autolib、Car2go、Drivenow 等分时租赁项目的启动和发展，这一商业模式比以往更加清晰。

一、巴黎 Autolib：打造公共出行城市名片

Autolib 是由巴黎市政府推动，并由 Bolloré 集团负责运营的一个电动汽车分时租赁项目，前文已有介绍。Autolib 项目希望服务于巴黎市区居民的日常

出行服务，目标群体主要是短时出行需求的市区居民。

Autolib 采用的 Bluecar 车型是一款纯电动汽车，车辆由 Bolloré 集团与电池制造商合作开发，雷诺公司代工生产。车型长 3.65 米、四人座，充满电后可使车辆在市区内行驶 250 公里。充电设施也是由 Bolloré 自己提供的，除了为本公司的车辆充电，还能够为其他品牌的电动汽车提供充电服务，甚至还会在每个租赁点设置 5~7 个为社会车辆提供充电服务的停车位。

Autolib 的优势在于其开发的 ICT 系统能够帮助用户查询站点情况并预约车辆和停车位等，为用户提供更智能化和优质的用车体验。分时租赁使用者可以通过网络或街边服务亭注册会员，随后可以从任意站点提车，到任意站点还车。

用户可以注册不同等级的会员，对应缴纳一定的会员费。会员费包括一定的电费、保险、维修和保养，以及停车费等，此外，车辆具体使用过程中还要按时间收取一定的使用费。1 年期会员每年缴纳 144 欧元会员费，此后按每 30 分钟计费 5 欧元。

除 Autolib 项目外，Bolloré 从 2012 年 10 月开始面向个人提供车辆的月租服务，每辆车的月租费用为 500 欧元，该价格包括了保险、停车以及在 Autolib 充电站点充电的费用。另外，该集团从 2013 年 2 月开始零售 Bluecar，零售的 Bluecar 只需要每个月缴纳 15 欧元，就可以利用 Autolib 的充电网络进行充电。

从 2014 年公司报表看，该项目运营开始有一定的利润空间。项目每年的运营成本大概在 8000 万~10000 万欧元，但 2014 年净利润仅有 1.09 万欧元，要想收回初始投资还需一段时间。

二、Car2go：争做全球分时租赁领导者

2008 年 10 月，Car2go 的雏形在乌尔姆市发布，并在戴姆勒公司内部员工中试用。随后该项目在欧洲、北美等地开展，在 2015 年底进入中国市场。截至 2016 年 10 月，Car2go 拥有 1.49 万辆汽车，在 8 个国家的 32 个城市开展了汽车共享业务，消费用户超过 200 万人。

Car2go 目标消费群体为备受城市交通困扰的人们，以及低收入但具有开车需求的城市居民。项目为用户提供一种两座 Smart for Two 汽车。该种车型体积小，驾驶灵活，拥堵时也能通过。

Car2go 消费者可以选择按分钟、小时或按天收费，不需要额外支付燃料（汽油或电）、保险、维修保养和停车等费用。以柏林为例，服务计费标准为 0.29 欧元/分钟，停车时按 0.19 欧元/分钟，中途加油则可享受一定时间的免费驾驶时间。与 Autolib 用户相比，Car2go 用户的固定年费相对较少。

相对于传统租赁企业，Car2go 服务系统的优越之处在于：一是取还汽车更加自由。用户无须到租车公司的汽车集散点去还车，在任何与目的地周围的 Car2go 定制车位或符合 Car2go 停车条件的车位都可以停车离去。二是不需要建立运营站，只需要停车位，这大大降低了成本。

采用 Smart 小型车是 Car2go 项目的一个重要优势。小型车意味着更小的停车空间，更多的停车选择。虽然，汽车共享业务推行之初，消费者觉得两座汽车没有四座汽车实用，更青睐 Zipcar 租车，但还车时却发现 Zipcar 很难像 Car2go 一样任意停车，其实和固定营业点还车一样麻烦。

纯电动的 Smart for Two 车也加入 Car2go 网络。电动车的加入为 Car2go 带来了许多好处。首先，电动汽车零排放、加速快的特点有利于在消费者心中树立 Car2go 新技术更环保的品牌形象，也更容易获得政府的支持，当 2014 年纯电动汽车被引入美国圣地亚哥市 Car2go 系统时，采用的宣传口号是"我们是城市环境的保护者"；其次，电动车较低的燃料费也会降低租车的成本；最后，Car2go 系统犹如一个电动车的体验平台，有利于电动车的市场推广，汽车分享服务必将促进消费者对电动汽车的使用率。总的来说，电动汽车引入汽车共享服务系统是一个相互受益的过程。

Car2go 项目在一个城市提供的车辆数在 200～600 辆，最大的车队也仅有 1200 辆。为了保证汽车的流动性，Car2go 服务通常覆盖范围有限。以美国奥斯汀市为例，以 350 辆 Smart 组成的车队只能提供东从湖区，西到大学校园，南从南国会，北到海德公园这一区域的服务。

目前，Car2go 商业模式的拓展面临的主要问题是怎样尽可能地增加 Car2go 服务系统的覆盖面积，同时保证项目的盈利性。与此相关，项目所选停车场要求与现有公共交通系统能较为方便地连接，但需要解决便利性与增加停车场成本的矛盾。

三、DriveNow：智能化出行典范

DriveNow 是 BMW 集团和 Sixt AG 公司联合推出的创新汽车共享项目，于 2011 年 4 月起在德国的慕尼黑和柏林开始推行。DriveNow 项目致力于填补城市公共交通的空白，为市民出行提供更多便利。

DriveNow 此后拓展到德国的另外三个城市——杜塞尔多夫、科隆和汉堡，并已成为德国最大的汽车分时租赁公司。其海外业务也拓展到了美国旧金山、奥地利维也纳等城市。

DriveNow 主要提供 BMW 及 MINI 两个品牌的汽车，DriveNow 非常强调为用户提供一种高品质的出行服务。此外，DriveNow 目标客户还主要定位于比较活跃的年轻群体。DriveNow 管理人员经常说的一句话就是"购车用户平均在他们 45 岁左右会开始购买我们的（BMW）汽车，但汽车共享用户的平均年龄只有 32 岁"。

DriveNow 项目定价与 Car2go 相近，每分钟 0.29 欧元（含税），每小时 14.9 欧元，停车每分钟收费 0.1 欧元。在伦敦，由于这一价格比当地的出租车还要便宜，吸引了很多用户。

DriveNow 项目与 BMW i 旗下的 ParkNow、ChargeNow 相互借力。通过 ParkNow 用户可以搜索整个城市的停车位置信息，可以提前预订停车位，并作为目的地为用户导航。该服务使消费者消除了找车位的烦恼，使停车收费变得简单易行。使用 ChargeNow 可以快速搜索到公用充电设施，ChargeNow 卡可以完成支付。

短短 5 年间，DriveNow 的用户量在德国超越了 Car2go，成为德国最大的汽车共享公司。到 2015 年底，DriveNow 在世界范围内拥有了超过 33 万用户，

并且运营着大约 2400 辆 BMW 和 MINI 品牌的优质汽车。根据 Wiki 数据，2015 年 9 月 DriveNow 在世界 5 个国家运营着 4000 多辆车，再加上 2015 年 10 月在斯德哥尔摩和 2016 年在布鲁塞尔新开的两个点，运营数量为 4600 多辆，用户超过 50 万人。

第三节　共享出行品牌的经验启示

表 3－2 给出了三个分时租赁共享出行项目的定价、布点及关键资源获取能力情况的对比。

表 3－2　　　　　　　　　三种分时租赁运营状况对比分析

项目名称	定价	布点	关键资源获取能力		
Autolib	1 年期会员每年缴纳 144 欧元会员费，此后按每 30 分钟计费 5 欧元	2016 年，在巴黎已有 1000 个租赁站点和 4000 辆电动车。分布在巴黎市区和巴黎周边地区	（1）一体化管控力。Bolloré 拥有先进的电池技术，可以独立设计电动汽车，为项目提供了充电设施和系统平台的建设	（2）公共政策支持。政府补贴 3500 万欧元用于站点建设，而且在土地使用政策方面进行扶持，积极促进该项目租赁网络的形成	（3）规模化运营。电动车车辆规模全球领先，站点间距 400～500 米，消费者在步行 6～8 分钟的范围内找到租赁站点
Car2go	收费（含税）价目包括：注册费 35 欧元；每分钟费用 0.41 欧元；每小时费用 14.99 欧元；每天费用 84.99 欧元	主要在大中城市开展，集中在该城市的中心地区。在规划的车位上，任意还车	（1）车型的优势。Benz Smart for Two 车型体积小，驾驶灵活，拥堵时也能通过	（2）公共政策支持。政府为租车公司提供的"超级停车许可证"，相当于待租用的汽车在任何市属车位中无限时停车的费用	（3）停车方便。支持在所在站点任意还车的方式

项目名称	定价	布点	关键资源获取能力		
DriveNow	29 欧元的注册费，租用费用为每分钟 0.29 欧元（含税）；每小时 14.9 欧元。停车每分钟收费 0.1 欧元	在城中心的某个固定范围内进行，未来会将业务服务区域拓展到城市周边的工业园区，并在某些机场设置运营站	（1）相对高端的汽车资源。DriveNow 提供了 BMW 及 MINI 两个品牌的汽车。所有汽车均为四人座汽车，顶级配置并配备了高效的发动机	（2）公共政策支持。与 Car2go 类似，会向当地政府购买一个"超级停车许可证"，目前"超级停车许可证"仍是这一商业模式顺利运行的基本保障	（3）智能化互联服务。与 BMW i 旗下的 ParkNow、ChargeNow 相互借力共同发展。重视与移动网络平台的合作

从国外分时租赁的发展轨迹来看，分时租赁在欧洲已经有了超过半个世纪的历史，汽车分享方式早已根植于用户的消费理念中。人们不再追求"拥有一辆私人汽车作为交通工具"。在我国，分时租赁更多还是私家车群体解决用车需求的一种暂时过渡，因此政府和企业应该在培育和引导市场、让消费者逐渐喜爱汽车共享上多努力。

Autolib、Car2go 和 DriveNow 三个分时租赁项目结合市场需求，在产品和服务系统设计上科学定位，目前都进入正轨，处于良性发展过程。Autolib 首先实现了在一个城市中纯电动汽车的规模化运营，Car2go 和 DriveNow 虽然单个城市规模并不大，但都精准地选择了分时租赁的用户需求，通过在城市中心区域覆盖，产品选型、服务定价的有效组合，实现了盈利。

政府对分时租赁支持的重点是开放特许停车位和优惠的停车价格。巴黎市政府为 Autolib 提供了大量的停车资源，Car2go 和 DriveNow 从项目所在城市获得了"超级停车许可证"。充分的停车位资源、超级许可证是分时租赁商业模式顺利运行的基本保障。

从三个项目运营看，A2B、A2X 租还方式是分时租赁未来发展的主要方向。国外分时租赁的营运结果表明，A2A 租车方式中的业务多数来自休闲和家庭购物需求。A2B、A2X 租车方式使用车需求实现了多样化的发展，极大地增加了通勤、出差、旅游等出行的使用量。当前国内分时租赁企业很多以 A2A 模式为主，还无法真正实现分时租赁系统作为"公共交通系统的有效补充"的目标。

分时租赁的发展过程中面临的问题也很明显。目前 Car2go 商业模式的发展局限来自两方面：一是选择停车位置时，怎样在保证便利性的同时不过多地增加成本；二是怎样在保证盈利性的同时，尽可能地增加 Car2go 服务系统的覆盖面积。在短短 4 年间，DriveNow 的用户量已达到 Car2go 的三成。作为后起之秀，DriveNow 凭借着较低的租赁费用，高端的汽车产品，便利的移动互联网体验为消费者提供了更多顾客价值。但更具竞争力的是其"自由停车"这一特色。虽然是这一特色使 DriveNow 在众多竞争者中快速脱颖而出，但是自由停车增加了 DriveNow 的运营成本。

第四节 国外经验对我国共享汽车发展的启示

从发展较迅速的 Car2go 和 DriveNow 项目运营方式来看，A2B 租还方式是分时租赁未来发展的主要方向。目前的国内分时租赁企业还较少尝试这种运营方式。国内当前仍以 A2A 模式为主，短时间难以实现 A2B 的租赁模式，这也使得其无法成为"公共交通系统的有力补充"这一定位目标。

此外，国外分时租赁发展的中前期很大程度上得益于政府和公共基金的支持。直至 21 世纪初期，欧洲分时租赁联盟（CSOs）、欧洲分时租赁协会（European Car Sharing Association，ECS）、德国分时租赁协会（Bundesverband Car Sharing，BCS）一直在政府补贴支持下运营。德国最早的 Stadtauto Drive 等项目也一直以非营利性质在经营。

政府的支持还体现在对分时租赁企业开放特许停车位和优惠的停车价格。目前无论是巴黎政府项目 Autolib 还是车企项目 Car2go 和 DriveNow 都实现了 A 取 B 还的租赁方式。能够实现这一经营方式，Car2go 和 DriveNow 极大地依赖于从地方政府获得的"超级停车许可证"。目前，国内的分时租赁企业还没有从政府获得类似的停车位支持政策。没有超级停车许可证，A 取 B 还方法虽然提高了用户的便捷性，但建立运营站和车辆管理成本却大大提高了。例如，Autolib 公司拥有 3000 辆汽车 6000 个停车位，却在巴黎全市开设了 1000 个运营站。该经营模式预计需要 7 年的时间才能收回成本。而 Car2go 服务系统的优越之处在于用户不用到租车公司的汽车运营站还车，而是在任何专用车位或符合停车条件的车位都可以停车离去，这使得租车公司大大降低了修建运营站的成本。

第四章　我国共享汽车发展历程

第一节　我国共享汽车概况

国内电动汽车分时租赁运营模式现状及趋势随着国内新能源汽车应用示范工程的展开，各城市也都考虑利用电动汽车分时租赁模式来推广电动汽车，发挥纯电动汽车在短途和零排放方面的优势。

国内的一些城市和大学开始尝试汽车分时租赁运营。2011 年杭州车厘子智能科技有限公司是国内首家进行分时租赁模式开发和运营的公司，采用节能与新能源汽车作为运营工具，分时租赁作为商业运营模式，车联网技术作为运营管理技术。其会员制的分时自助租赁平台，向会员提供以小时为计费单位的节能与新能源汽车的自助租车服务。通过车分享自助租车系统，用户可以进行车辆预订、费用支付、自助取车、还车及自动结算等，无须人工干预。其所开发的 EVnet 汽车分时租赁系统，已在杭州设立 6 处租车点，主要选用燃油车为租车车型并提供以 1 个小时为时限进行租赁和按上下班时段来租赁两种模式。

杭州微公交项目是由浙江吉利控股集团有限公司与康迪科技集团公司共同成立的电动汽车运营项目，"微公交"项目由浙江左中右电动汽车服务有限公司运营。首个"纯电动微公交"于 2013 年 7 月 29 日投入运营使用，杭州市有两座"微公交"立体停车库，以短期时租为主，选用康迪小电跑车型。

易卡绿色（北京）汽车租赁有限公司，其主营业务是纯电动汽车的分时租赁。在北京市范围内，以海淀区为核心建设了 8 个大型纯电动汽车租赁网点，包括清华科技园、北京理工大学、清华大学等。其租赁方式包括分时租、日租、月租、夜租车型，选用车型为北汽 E150 两厢车。上海国际汽车城新能源汽车运营服务有限公司，在同济大学嘉定校区与四平路校区之间进行校园纯电动汽车分时租赁的运营，选用雪佛兰赛欧、荣威 E50 纯电动汽车。

发展初期，国内电动汽车分时租赁的规模尚小，运营的车辆只有几十辆到几百辆不等，而到了新兴的分时租赁面临了一段漫长的市场对接过程。在这个过程中，企业都在探索如何更好地建立完整的可供复制的大规模城市电动汽车分时租赁运营系统。随着 10 年的发展，基于互联网技术位置定位服务的成熟，以及国家对新能源汽车的推广，分时租赁模式相继在北京、上海、广州、深圳等地兴起。2020 年初，全国有 6301 家汽车租赁企业，租赁车辆总数约 20 万辆，市场规模以每年 20% 左右的速度增长。分时租赁车辆总数超过 4 万辆，95% 以上为新能源车辆。

第二节　我国共享汽车发展历史及动态

近几年，以滴滴、优步为代表的有"人"的网络用车高速发展。但随着劳动力成本上升，人们开始关注自助型的出行服务。而在国内租赁市场的市场渗透率还非常低，很多人较为看好汽车租赁市场。随着政策对电动汽车的支持力度逐步加大，从 2013 年起，分时租赁开始在国内得到快速的发展，特别在北京、上海、深圳等地区，有一大批企业包括上海国际汽车城、杭州左中右、北京恒誉等进入分时租赁行业。表 4 – 1 列出了 2013 ~ 2016 年国内发展速度较快的 18 家企业名称及其所在的运营区域、提供的车辆服务价格以及目前的分时租赁网点数量。

表 4 - 1　　　　　分时租赁企业发展初期的基本情况（2013~2016 年）

企业名	主要地区	定价	网点数（个）
EVCARD	上海	前 30 分钟 15 元，超 30 分钟后 0.5 元/分钟，每 24 小时最高 180 元	210 +
左中右	浙江	20 元起/小时	
一度用车	北京，多分布在上地、中关村、望京、国贸等核心商务区	2 元/公里 + 0.2 元/分钟	90 +
联程共享	深圳 8 个行政区	40 元/小时	80 +
金钱潮	深圳，主要分布在深圳交通枢纽、会展中心等、大型住宅小区等	首小时 20 元，之后每小时 6 元	50 +
绿狗租车	北京各区	采用时间 + 里程的计费方式：时租 16~39 元/小时；每行驶 1 公里 0.88 元。夜租（18：00~9：00）43~99 元/小时；日租 70~149 元/小时。提供长租服务	40 +
车纷享	杭州	16 元起/小时	46
友友用车	北京	2 元/公里 + 0.2 元/分钟	30 +
行之有道	深圳、武汉、广州、北京、郑州	12 元/小时，里程 1 元/公里。注册会员，1500 元会员费，500 元预存使用费用	
易卡租车（来自易卡官网）	北京，分布在海淀、东城、朝阳、石景山	每小时 30 元，两小时 59 元，4 小时和夜租 99 元，日租 159 元，月租 3599 元	18
有车	北京海淀区等	经济车型 15 元/小时起；舒适车型 25 元/小时起；商务车型 49 元/小时起；豪华车型 99 元/小时起	6
宜维租车	以北京为主要阵地，商场、酒店和机场等	9 元起，分时计费	
苏打出行	北京	0.19 元/分钟 + 1.99 元/公里。日租 269 元	3
电车管家	北京	白天时段：50 元整；夜间时段：70 元整；全天 120 元	2 +

企业名	主要地区	定价	网点数（个）
e动租车	北京	6：00～22：00，10分钟以内15元，以后每五分钟5元；22：00～次日6：00，10分钟以内20元，以后每五分钟6元	送车上门
e享天开	上海，长宁区、徐汇区、闸北区、黄浦区、静安区、普陀区	根据不同车型按时间收费，荣威550：0.9元/分钟，118元/夜，280元/天；荣威E50：0.6元/分钟，88元/夜，180元/天	19
微租车	包括北京、海口、陵水县、无锡、烟台、石家庄、太原等	按车型和地区定价：每小时12～96元不等	
易开租车	芜湖	每小时15元，限20公里；每天65元，限90公里；每月2000元，限100公里/天	16

分时租赁共享汽车的定位是城市公共交通系统的补充。但这只是憧憬，现实非常"骨感"。在互联网涌动大潮下，有多达上百家企业开展分时租赁，当然打着幌子开展长租服务的居多，真正分时租赁的很少。而能够赚钱的分时租赁企业几乎未见。盈利难、停车位稀缺、充电桩不到位、使用习惯培养和信用问题等都是分时租赁发展的拦路虎。一位从事分时租赁的老总曾直言不讳地指出，"（投资人）要少听些忽悠，做分时租赁你需要钱很多，不担心赔钱，要不就别进来玩"。左中右在杭州建立第一家分时租赁共享汽车公司，标志着共享汽车进入中国。这家公司，一直在运营，但规模很小，一直没有扩大。到2019年3月，国外知名品牌Car2go宣布6月30日终止重庆业务。分时租赁生命周期模型见图4-1。

总的来说，分时租赁共享汽车的发展一波三折、屡陷泥沼。其发展大致经历了以下三个阶段。

2011～2017年，行业起步阶段。2011年在共享单车还没有出现之前首家共享汽车企业车厘子已经在杭州成立。随着共享单车发展，共享汽车接受度也快速提升。2017年交通部首次发布了《关于促进小微型客车租赁健康发展

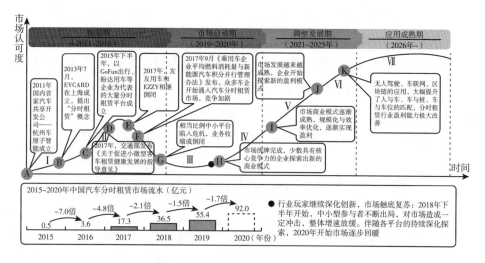

图 4 - 1 分时租赁生命周期模型

资料来源：易观《2019 中国分时租赁共享汽车发展报告》。

的指导意见》。

2017～2018 年，行业调整再发展阶段，此阶段科技互联网背景的初创企业友友用车、EZZY 租赁、巴歌出行、途歌等出现运营问题纷纷倒闭，分时租赁行业陷入第一次低谷。与此同时，分时租赁开始收获了资本的青睐，车企背景的企业 GoFun、盼达用车、一步用车等 2017 年共获得了超过 3.6 亿元的投资，科技互联网背景的企业 PonyCar、途歌、立刻出行等在 2017～2018 年共获得了超过 10 亿元的投资，实业集团背景的企业小二租车在 2017～2018 年获得了 2.7 亿元的投资。获得投资后分时租赁品牌纷纷涌入新的城市、增加车辆投放。

2019 年至今，行业深度调整阶段。盲目扩张使 2019 年几乎所有分时租赁运营商都面临着"买车容易出租难"的困境，有的甚至因此导致资金链断裂。加之 2020 年初疫情的冲击，2019～2020 年番茄出行、易到用车、有车出行、恒誉、盼达用车纷纷发布暂停业务或财务困难公告。分时租赁行业陷入了第二次低谷。与此同时，政策却再次出现利好。2020 年国务院印发的《新能源汽车产业发展规划（2021—2035 年）》强调加快新能源汽车在分时租赁、城市公交、出租汽车、场地用车等领域的应用；2020 年海南省交通运输厅发布了关于《进一步鼓励纯电动小客车分时租赁行业健康发展的补充通知》等；2021 年初商务部印发《商务领域促进汽车消费工作指引》提出壮大汽车租赁市场，发展长租、短租、分时租赁等多种租赁模式，满足消费者"一点租多点还""一城租多城还"等多样化、高品质租车消费需求。总的来说，10 年来分时租赁行业一直承受着较高的期待和行业关注，但发展不稳定。

第三节　共享汽车 GreenGo 绿狗典型案例

北京恒誉由北汽新能源和富士康集团共同出资组建，成立于 2014 年 6 月，2015 年 2 月正式开业。恒誉推出的 GreenGo 绿狗租车，主要开展电动汽车分时租赁业务，以分时租和日租为主。公司总人员规模近 100 人，现有租赁车辆 1000 多辆，以北汽 E150EV 为主，少量奇瑞 EQ 和宝马之诺等，在北京已建成网点 50 个。

绿狗租车流程包括注册、预约、取车、用车和还车五个主要环节（见图 4 - 2）。主要通过电脑、手机 App、支付宝和电话等方式进行车辆预订，其中 80% 的人通过手机 App 和支付宝下单。

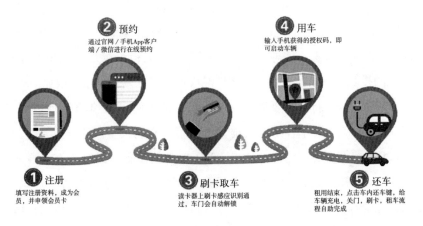

② 预约
通过官网 / 手机 App 客户端 / 微信进行在线预约

④ 用车
输入手机获得的授权码，即可启动车辆

① 注册
填写注册资料，成为会员，并申领会员卡

③ 刷卡取车
读卡器上刷卡感应识别通过，车门会自动解锁

⑤ 还车
租用结束，点击车内还车键，给车辆充电，关门，刷卡，租车流程自助完成

图 4 - 2　GreenGo 租车流程

在收费方式上，最初绿狗租车采取一口价的方式收取车辆租金，但后来发现有人租车后挂在网络平台上用作出租业务。对此，恒誉对收费方式进行了部分调整，调整为公里＋分钟的收费方式。在每小时 19 元的基础上，采取了每公里 0.88 元的收费方法，即采取按时间＋里程共同计费的方式，如表 4 - 2 所示。

表 4 - 2　　　　　　　　　　　　绿狗租车价格

时段	价格
白天档	19.0 元/小时
夜间档	19.0 元/小时
晚上包段	49.0 元/15 小时
全天	79.0 元/24 小时

绿狗租车正在探索异地还车业务。现有网点主要分为中心店和卫星店，中心店和卫星店之间，车辆可根据需求相互调配。中心店在国贸等人流密集的地区设定，车位数量 10~20 个，采取人工值守，可以支持异地还车。卫星店配备 6~8 个车位，无人值守，受到停车系统不兼容的影响，无人值守的地方较难开展异地还车。在公司所在的亦庄开发区，绿狗租车有 8 个网点，计划在网点相对密集的地方开通异地还车。

在车辆管理上，主要采取巡检的方式来进行车辆管理，目前的巡检和运营维护人员在 30 人左右。下一步将与物业、停车场管理者合作，降低成本，提高服务的及时率。

在恒誉的商业运营中，主要涉及政府、整车厂、物业方、基础设施运营商和客户等利益相关方。政府一方面向汽车厂提供补贴，另一方面还负责发放新能源汽车租赁指标，目前会根据恒誉等公司的经营情况进行评估，决定租赁公司的指标数量。

恒誉是北汽和富士康合资成立的企业，购买的车辆也主要来自北汽，与整车厂合作可以采取分期付款的方式。目前，汽车厂拿到政府补贴需要 3~6 个月时间。

在基础设施建设和运营上，恒誉与停车业主以及充电设施运营商、国家电网合作。网点选择上，恒誉主要依据潜在客户是否较多、停车位是否富裕、物业方是否支持等因素进行选择。停车场主要选择大型连锁家具城、大型连锁超市、连锁酒店、商业写字楼和综合性商城等进行网点合作。不同网点具有不同的优劣势，大型连锁家具城，优点在于车位充裕成本低，缺点在于距离客户群可能较远；酒店愿意合作，但一般可供出租的车位有限；商业写字楼和综合商场的优点在于客户流较大，但是车位租赁成本较高。

充电桩建设上恒誉有三种方式：第一种是自建充电桩；第二种是使用国网、普天等已经建设的充电桩；第三种是联合运营公司在特定网点建桩。基于成本考虑，恒誉以第一种为主。

在租赁网点，车辆以租赁的方式出租个人和集团用户使用，并收取租金。

从投入角度看，综合车辆购置成本、网点停车租赁费用、建桩成本以及人员运营等方面，每辆车的综合成本接近3万元。

绿狗租车会员已经达到6万人。但由于网点规模、市场竞争等因素造成消费者消费频次还不是特别高，很难达到 Autolib 能够完成的每日客单量。在未来如果分时租赁每车的日租时间达到5小时，完成4～5单以上水平时，企业才能实现盈利。而长租方式可以节省很多人力成本、节省停车场费用、减少营销、产品开发、客户服务等方面的运营成本，可以作为分时租赁的补充。

第四节　共享汽车 GoFun 的典型案例

GoFun 出行是首汽集团针对移动出行推出的一款共享汽车产品，依托首汽集团的车辆资源，整合城市居民碎片化的用车需求，提供便捷、绿色、快速、经济的出行服务。GoFun 出行主要的商业服务是分时租赁共享汽车模式。车辆无人值守，用车全程 App 操作，提供汽车的即取即用、分时租赁服务，用户可按个人用车需求预订车辆。GoFun 出行相继完成全国80余个城市的布局，包括北京、武汉、成都等一线、二线城市，更有西安、青岛、昆明、桂林、三亚等重要旅游地。

1. 运营模式。GoFun 采用的是 A 取 X 还的有站点租赁运营。目前运营的 3 万辆车，都是从首汽租车租过来的。与其他共享汽车品牌相比，属于轻资产运营模式。北京发放了 8000 张共享汽车运营牌照，其中，北汽 6000 张、首汽 2000 张。2018 年平均订单 30 公里/单。因为共享汽车的运营是"一城一策"，国外共享汽车项目的运营规模比国内还小，所以 GoFun 的运营没有其他企业的经验可循，完全是自己摸索出来的。根据运营经验，目前 GoFun 的运营车辆和租赁点停车位的比例约为 1.5 : 1。

2. 成本方面。GoFun 目前的成本主要来自三大块——车租、场站费和技术研发。基本是 1 : 3、1 : 3 和 1 : 3 的比例。运维虽然也很难，但并不是成本最大的一块。车租金平均 2500 元/车/月，也有 2900 元/车/月的。目前市场上第三方公司也有不带牌照 1200 ~ 1300 元/车/月，带牌照 2000 元/车/月的竞品。GoFun 当时和本集团的首汽租车签订的是 5 年合同，但实际运营起来发现车折旧得太快，开到 2 年多，用户体验就不太好了，3 年后基本就不能用了。最早的一批老电车，拿出去运营一天就赔一天的钱，只能在停车场停着。首汽租车拿过来的车，从经济效益角度是不划算的，主要还是集团整体规划的结果。目前 GoFun 正在逐渐下架续航里程 150 公里的车型。在北方的冬天，电池掉电很快，如果电量在 50% 以下，用户就不选择了。根据财务模型测算，每车每天如果能跑出 120 元的订单就盈利，但 150 公里的车型根本无法实现。因为 150 公里的车需要每天运维一次，包括去充电、清洗再还回来。油车每 2 天运维 1 次，续航里程 400 公里的电车每 1.5 天运维 1 次。目前平台上了一批续航里程 400 公里的车后，每天能跑 7 ~ 8 单，单车日收入能超过 200 元。这批车就是赚钱的。

3. 老旧车的回收方面。GoFun 在与吉利等主机厂合作，回收电池再给电动代步车用是能达到国家标准的。这对主机厂和 GoFun 都有利，但以前行业内没有先例。GoFun 也希望 B 端的一些二手车商能收，但车商收的量小，只有 100～200 台。GoFun 目前要处理的大约有 1.5 万辆。这些老电车的运维成本很高，每天需运维 2 次，停放成本也很高。

4. 运维管理方面。GoFun 认为分时租赁共享汽车的行业壁垒就在于线下运维。GoFun 已经摸索出了一套自己的打法，实现了线下的精细化管理。首汽经营分时租赁共享汽车主要是靠精细运营能力和较强的成本控制能力。不像其他整车厂背景的同行企业，运营的一部分原因是为了销车。首汽平台上同时运营 40 多种车辆。什么车性价比合适，更适合分时租赁运营就上什么车型。

5. 用户管理方面。2018 年用户用车前要上传 5 张照片，外面 3 张、车内 2 张。2019 年减少为上传 3 张照片，去掉了车内 2 张。如果有违章扣分的情况，需要用户本人拿着驾照去处理。违章信息一般有一个星期的迟滞，因此 GoFun 退费等操作需要等待 2～3 个星期（21 天）。目前用户注册已经可以用免押金的方式，需要芝麻信用大于 700 分。

6. 价格方面。普通车型根据驾驶时间加价。稍高端车型，驾驶时间和驾驶里程双轨计价。定价水平以网约车为指导，定在网约车价格的 1/3 左右。

7. 市场推广方面。基本没有这部分费用的预算，公司领导的理念是"车跑起来就是最好的展示"，车开到哪里，让用户看到，就是最好的宣传。

8. 技术研发方面。GoFun 的大数据智能出行平台"GoFun 驾驶舱"可以进行城市出行大数据分析，并连接车务系统服务线下运维人员。GoFun 每年在技术研发上都投入大笔预算。首汽大厦 GoFun 总部共 500 多人，一半以上是车机研发、数据研发人员。GoFun 的 T－box 车锁 1.0～5.0 都是自有研发成果。GoFun 的加盟方车队都需要进行车机改造，车的中控系统改造，加载 GoFun 的系统。

9. 规模。GoFun 在成都规模较大，有 5000 辆。在成都 GoFun 与四川交投和成都交投都有合作，可以共享他们的停车场作为租赁点，也可以共享他们的充电、加油、车辆维修服务。

10. 未来的发展方向。GoFun 也积极探索小型 C2C 式的共享汽车方式，比如为一家企业建立共享汽车群，企业内部员工之间汽车共享，GoFun 提供平台信息控制技术和支付结算技术。这有点类似凹凸租车的运营方式，但 Go-Fun 想做的是只集中在有信任关系的企业内部的分享。

11. GoFun 限定区域的自动驾驶技术。GoFun 的思路是不做自动驾驶技术的原始研发，只做自动驾驶技术在共享汽车中的接口技术研发。GoFun 目前为无人驾驶技术设计的实用场景：用户定点还车，车辆自动开到附近停车场泊入车位。目前该技术已经实现（有视频录像），但道路环境不能满足运营，而且单车的硬件配置成本很高，不满足运营条件。5G 技术全面实现后，这项技术的成本会降低。

GoFun 也在涉足区块链技术，希望能将共享出行大数据放在区块链上，鉴别用户的驾驶水平，进行驾车评级。

12. GoFun 的加盟 + 托管方式，2019 年 GoFun 上线了加盟 + 托管方式，所以业务拓展到了很多城市，车辆数也增加很快。截至 2019 年 5 月，以加盟方式运营的车辆有 2300 辆左右。对于加盟方，GoFun 每月会提供 1 ~ 2 次培训。以山西太原为例，加盟方同时也做曹操专车，有自己的生态布局，加盟方在分时租赁业务上运营 300 辆以上车辆，自己维修、保洁，每个环节都省钱，因而整个业务是赚钱的。

GoFun 未来也想做汽车后市场服务。单做分时租赁共享汽车，市场的天花板很低。但如果未来技术成熟，几种共享车的业务最终会重合。

第五节 国内外共享汽车发展对比分析

一、分时租赁运营企业的协调、组织与整合资源的能力

分时租赁是一个系统，包括汽车、充电设施、运营系统以及政府资源等，这需要运营商具有较强的协调和控制能力，能够从系统的角度，选择运营模式和方法，合理分配各项资源，达到运营商整体利益的最大化。对于电动汽车分时租赁要想实现良好的运营，需要做好各项服务间的对接，比如电动汽

车制造商要与充电设施提供商进行协调以实现电动汽车和充电设施接口的匹配，而系统平台更要兼顾电动汽车和充电设施的管理，这就需要部门间的密切协调与合作，运营商可以引导各部门进行沟通合作，使分时租赁各项服务间实现良好对接。

国外分时租赁案例项目不仅拥有先进的电池技术，可以独立设计电动汽车，而且为项目提供了充电设施和系统平台的建设，所以运营商可以对各部门进行很好的协调和控制。能够建立国内较大规模分时租赁的关键也在于建立了整车厂、运营商和政府等各方面资源的整合。目前，国内几十家开展分时租赁的企业，有的是从传统租赁行业进入，有的是依靠汽车厂资源、充电桩资源等进入，也有的具有媒体背景，不同的企业其整合资源的能力不同，也会影响到其后期的可持续能力。

二、分时租赁企业的规模基础

分时租赁的盈利需要有一定的车辆投入规模和站点密度。当规模增加时，会提高消费者租赁的便利性，有利于降低分时租赁车辆的闲置比例，而使用率是影响盈利的关键指标。而且只有投入足够的网点，才能方便异地还车，方便顾客租赁。

巴黎 Autolib 项目截至 2014 年底平均每平方公里约投入 20 辆电动汽车，站点间距 400 ~ 500 米，可以使消费者在步行 6 ~ 8 分钟的范围内找到一个租赁站点，大大提高了消费者租赁的便利程度。而国内一些分时租赁项目的车辆数量和网点目前还非常有限，在激烈的竞争面前很难形成有效的竞争能力。

三、基础设施发展水平

停车位、充电桩等站点基础设施的建设和保障是开展电动汽车分时租赁项目的基础。一方面由于基础设施建设本身投入巨大，给运营商带来一定资金压力；另一方面基础设施的合理选择也是运营商必须考虑的问题，如果基础设施选择不合理，将会对后期运营和租赁使用产生很大的负面影响。

国外的分时租赁共享汽车项目，政府在财力和政策上都给予了很大支持，而且在土地使用政策方面进行扶持，积极促进该项目租赁网络的形成，这是项目成功的一个重要因素。恒誉通过自建、合作等方式与停车场以及充电设施运营商进行合作来解决充电桩难题。但相对而言，不具有国外分时租赁项目强大的场地优势。如何选择好充电桩场所、实现成本控制以及协调参与方的利益影响到分时租赁项目的规模能否快速扩大，也会影响到消费者的体验。

四、产品服务设计

一项服务只有在符合市场需求的情况下才可能被消费者认可，所以电动汽车分时租赁服务的合理设计对于提高运营效率至关重要。电动汽车分时租赁为用户提供的是一种便捷的出行服务，那么该服务要想取得消费者的认可，就必须做到出行便捷、收费合理，具体来讲，就是既要消除消费者的里程担忧，简化租赁和归还流程，又要根据所在城市的特点及消费者的出行特点设计合理的收费方式。

从车辆性能、租赁方式及收费方式来看，最能满足消费者需求的是 Autolib，采用 Bulecar 纯电动汽车，市内续航里程 250 公里，完全满足消费者在巴黎及周边市镇行驶需求，半小时起租、网络预约、自助租赁等灵活的租赁方式更符合消费者出行便捷的需要，在收费方面采用会员费加租金的方式，会员周期越长租金越低，更有利于顾客忠诚。国内的分时租赁项目基本能满足消费者的日常需求，但是一些较长距离的出行还是受到限制，另外电话预约、人工办理的租赁方式也给消费者租赁带来一定的不便。

电动汽车虽然有续航里程的限制，但本身具有使用成本低的优势。分时租赁是推广电动汽车的较好模式。但分时租赁仍然面临盈利的难题，通过对国内外分时租赁模式的分析，发现要改善盈利情况，需要运营商具有较好的协同和控制能力，能够形成一定的规模，需要运营商解决好基础设施建设以及产品服务设计的问题。

第五章 用户画像研究：内涵与重点

我国分时租赁行业在这 10 年来一直备受关注与期待，但该行业的发展始终不理想。是触底反弹，还是就此沉寂下去，取决于行业的自我剖析和革新的能力。对于分时租赁共享汽车行业而言，技术环境、政策环境驱动力，甚至很强的上游车企转型驱动力和资本助力，催生了大量的分时租赁服务供给，但是，需求驱动力不足。国外情况也非常相似，加藤（Kato，2013）等认为日本的分时租赁汽车共享市场是由供给方而不是需求方推动的。在日本，分时租赁主要作为副业来运营，运营方的主业有的是汽车制造，有的是连锁停车场运营，运营方利用主营业务中现有多余的设施投资分时租赁共享服务扩大自己的市场份额。共享出行企业缺少对需求端——用户市场的了解。

第一节 用户画像的概念

用户画像以大数据为基础，从真实的用户行为中提炼特征属性，形成用户模型，是大数据分析在消费行为研究领域较为成熟、系统的研究方法。

最早提出用户画像概念的是交互设计之父库珀（Cooper），他在研究中将用户画像定义为"基于用户真实数据的虚拟代表"（亓丛和吴俊，2017）。昆塔纳和哈雷（Quintana & Haley，2017）将用户画像描述为一个从海量数据中获取的、由用户信息构成的形象集合，通过这个集合，可以描述用户的需求、个性化偏好以及用户兴趣等。用户画像通过全景式、高精度、动态化的样本分析，提炼用户类型、描述群体的虚拟用户形象及用户的旅程，理解用户使用过程中发生的需求细节、痛点和甜蜜点。刘海鸥（2018）认为用户画像的内涵主要包括以下三个方面：首先，用户画像是用户真实数据的虚拟代表，是具有相似背景、兴趣、行为的用户群在使用某一产品或者服务时所呈现出的共同特征集合。其次，用户画像关注的是经过静态和动态属性特征提炼后得出的"典型用户"，是具有某种显著特征的用户群体的概念模型。最后，用户画像更加强调用户的主体地位，更加凸显用户的特定化需求。可见用户画像包含了对典型用户和特定消费情景的识别和描述，其衍生出的场景研究和用户旅途研究可以更好地帮助共享出行消费行为的研究。

用户画像研究较早应用于营销领域，包括市场细分、产品设计、服务运营设计、精准营销等策略研究中。在移动互联网领域，用户画像也得到广泛应用。企业可以利用用户画像进行产品或服务的私人定制，实现个性化服务；进行效果评估，完善产品运营，提升服务质量；进行数据挖掘，构建智能推荐系统，实现精准营销；也可以根据分类人群的特点和习惯开发新的产品或服务，提前用新的体验场景覆盖潜在用户，主动获取市场优势（余传明等，2018）。例如，单晓红（2018）通过对大量用户的聚类和特征提取，从用户信息属性、酒店信息属性、用户评价信息属性 3 个维度实现酒店用户画像，证实了用户选择酒店与交通和出行目的相关。毕达天等（2018）通过收集与分析用户的社会属性、生活习惯、情绪倾向、信息接收行为等之后，建立精准的移动图书馆信息接收的用户标签。对移动图书馆同一场景的不同用户从需求维度、搜索维度和信息接收维度刻画，识别用户并提供精准的个性化服务。

王宪朋（2017）认为用户画像与业务是密不可分的，研究需要体现业务特色。荣朝和（2018）认为目前的互联网共享出行事业产生的手机用户日常出行、消费以及社交行为数据，再加上支付与信用等数据，极大地帮助企业准确掌握了目标客户的出行习惯，非常有利于城市出行的用户画像研究。

第二节 共享出行的用户类型

从用户的自然属性来看，对于共享单车，埃夫蒂米乌等（2013）用SP方法（stated preference survey）调研了希腊的共享出行使用倾向，发现家庭年收入在1.5万~2.5万欧元的人群有可能成为共享单车用户。刘洋（2017）发现共享单车的主要用户的性别比例较均衡；分布在一线城市的用户占总体用户数的59.3%，本科以上学历占总体用户数的81.9%，26~35岁占总体用户数的55.7%。沙辛等（Shaheen et al.，2004）认为共享汽车会吸引学生和低收入家庭。特兰等（Tran et al.，2015）选取2011年法国里昂近6万条共享单车运行记录用于人群属性发现，学生是里昂共享单车使用主体中重要的组成部分。

对于共享汽车，米勒德等（Millard - Ball et al.，2005）研究发现，共享汽车用户大多是男性，家庭成员人数较少，年龄在30~40岁，受教育程度较高。布克哈特等（Burkhardt et al.，2006）研究发现，美国南部的共享汽车用户在25~35岁，平均家庭人数2.02人，半数用户年收入大于6万美元，72%的用户家中无小汽车。首尔的一项共享汽车调研显示主要用户特征为男性用户占总体用户数的86.9%，年龄在20~30岁的用户占总体用户数的77.9%，有车的用户占总体用户数的68.1%，单身的用户占总体用户数的62.7%，白领群体占总体用户数的63.0%（Kim et al.，2015）。惠英等（2017）发现车纷享的男性用户占总体用户数的86%，25~34岁的用户占总体用户数的75.6%，本科及以上学历的用户占总体用户数的72%，67%的用户家中有车，且驾驶经验在1年以上的占53.3%。

从出行里程来看，对于共享单车，埃夫蒂米乌等（2013）认为每周坐公交车通勤，且通勤距离10~15公里的人有较强意愿使用共享单车。对于共享汽车，利特曼（Litman，2000）认为分时租赁共享汽车可能有益于开车短途出行的人群，即年出行距离小于1万公里的人群。沙辛和科恩（Shaheen & Cohen，2007）认为用户来自年行驶距离在1万~1.6万公里的驾车人群。陈小鸿等（2018）通过分析 Evcard 的订单数据发现高频用户往往是短途出行用户，主要居住或工作于公共交通不发达区域。惠英等（2018）通过分析车纷享的订单数据发现出行距离主要集中在 30～50 公里，主要因为在此出行长度下，出租车费用已远超共享汽车，共享汽车在这类出行中价格优势明显。

从用户的行为特征来看，米切尔等（Mitchell et al.，2010）认为共享经验、共享替代购买的态度是辨识共享单车和共享汽车潜在用户的标准。恰里等（Ciari et al.，2016）认为与无车人群相比，体验过汽车生活的人更可能是共享汽车的潜在用户，因为无车人群已经适应了没有车的生活，对共享汽车不感兴趣。恰里等（2016）还认为活动地点有方便的公共交通或轨道交通的用户通常不会选择买车，他们很可能是共享汽车的潜在用户。因为他们的交通场景以公交为主，偶尔有紧急情况，才会选择共享汽车。与原出行方式相比，共享汽车能够大幅度节省时间。国内学者惠英等（2018）也认为共享汽车的用户多数来自有车家庭，这与私人机动化出行的依赖性有关。叶亮（2010）等认为共享汽车项目可以吸引在大城市有车，但偶尔需要第二辆车的家庭。周彪等（2014）认为共享汽车更能吸引那些目前还没有私家车，但有用车需求的人群。一个更为基础性的研究来自兰伯顿和罗斯（Lamberton & Rose，2012），他们发现当消费者的车辆使用行为不频繁且不固定时，比较倾向用共享替代购买。并且，自己的用车时间、使用场景与其他使用者不同时，使用共享资源的可能性更高。一系列研究充分说明了使用场景的多样性对共享非常重要。

根据前期的访谈和调研结果，本书总结北京市分时租赁共享汽车的用户特征主要包括以下几个方面。

1. 截至 2023 年 9 月，我国有 1.5 亿有驾照没有私家车的人，这些人是分时租赁的潜在目标市场。在移动支付和车辆控制技术成熟后，对于这些目标客户，理想的共享汽车服务会像私家车一样方便。

2. 用户出行范围和出行距离主要与租赁点的布局有关。北京二环和三环内网点密度较大，1000 米之内有取还网点。三环和四环外网点密度小，主要集中在居民区和工作地。每个租赁点平均配 5 辆车。未来北京地区的租赁网络规模和运营车辆规模发展规划主要取决于牌照。

3. 北京市的共享汽车出行目的有几类。用户价格敏感度非常低，出行规律很强。目前共享汽车点主要分布在东边（通州）和北边。出行以通州等城外进城上下班通勤的订单最多。白天会有一些商务出行订单。

总的来说，一般上下班的需求比较大，周末有去消费点的小高峰。但分时租赁共享汽车的经营是"一城一策"，其他城市需要根据城市热力图及时调整车辆布局。

4. 分时租赁共享汽车一天之中订单峰谷时段有：上午10点和下午3点前两小段波峰。例如，有一些房产中介也愿意开着共享汽车去带客户看房。

5. 目前的分时租赁共享汽车业务相比传统租车和网约车业务的竞争优势是价格和隐私性；与传统出租车相比，分时租赁的优势是自驾体验。网约车多是商务出行，在车上处理一些商务事务。分时租赁共享汽车的优势是私密性（无其他司机驾驶）和经济性。现在的网约车和出租车是牺牲了私密性换取了便利性；共享汽车是牺牲了便利性换取私密性和经济性。

第三节　用户出行的时空特征画像

出行行为特征主要包括一些基于城市交通大数据或移动通信大数据作出的有关出行时间、访问地停留时间、出行距离、出行轨迹分布特征的研究。

一、出行的时间特征

龚等（Kung et al. , 2014）分析了包括通勤在内的所有出行数据，发现白天城市居民活跃在很宽的范围内，其中停留时间大于5分钟的地点，大约为10个，停留时间大于30分钟的地点，葡萄牙为5个，科特迪瓦为4个；晚上人们往往访问1个目的地，通常是居住地。龚等（2014）还发现通勤时间的一个重要特征，就是不同的出行距离，即使出行方式的不同，早通勤所用时间基本一致。在考察通勤随时间的演化特征时发现，长距离通勤在科特迪瓦走得早回家也早,但在葡萄牙到家的时间更晚。

二、出行距离特征和空间分布特征

比较早期的研究,利用在线美元追踪网站的数据对人类旅行与纸币运动之间的关系进行了分析,发现居民出行距离服从幂指数相同的幂律分布,无论起始地区是大城市、中等城市还是小城市(Brockmann et al.,2006)。幂律分布表明,城市居民以短途出行为主,长距离出行虽然占比很小,但在很大距离尺度上一直存在。后续的研究,刘等(Liu et al.,2012)发现出租车的出行距离分布服从幂指数 1.2 的幂律分布。肖等(Xiao et al.,2013)发现航空出行距离服从幂指数 0.4 的幂律分布。理论研究建立了连续随机行走 CRW模型、Levy 飞行模型、分数布朗运动模型等来解释这些出行特征的成因(Gonzalez et al.,2008;Song et al.,2010)。

近年来,移动通信数据成为记录人类活动重要的数据源,并广泛应用于人类活动空间特征、移动模式、交通管理等研究。高等(Gao et al.,2013)利用移动通信 GIS 数据,发现哈尔滨 90.98% 的居民出行发生在小于 20 公里的距离内;15 公里以上的出行分布近似幂律分布,幂指数 1.60。龚等(2014)利用 4 组手机数据研究了葡萄牙、科特迪瓦、波士顿、米兰和沙特阿拉伯 5 个不同国家或地区居民的出行特征。不同地区居民对通勤距离的忍耐程度,导致通勤距离分布的参数不同,但分布形式都近似幂律分布。并以 10公里的出行范围为界定义了"长距离通勤者"和"短距离通勤者"。"长距离通勤者"住得离工作地点远,拥有自己的交通工具,如汽车;"短距离通勤者"住在工作场所附近,更依靠公共交通或步行。史等(Shi et al.,2015)利用手机数据分析了不同城市的出行距离分布,发现双中心和带状结构的城市多为 3~8 公里的出行,单中心城市多为 1~2 公里的出行。

第四节 用户使用场景

罗兰贝格在 2018 年的出行报告中提及即便商品或服务相同,不同用户在不同时间不同地点的消费感受也有差别，甚至可以被视作完全不同的商品或服务。荣朝和（2018）认为由于存在时空特性，交通出行本来就是场景感特别显著的领域。共享出行服务是不是真正符合共享经济闲置资源等条件已经不重要，引起人们更多关注的是这些服务的提供模式能否持续创新出不同的客户体验场景。

对于共享单车，荣朝和（2018）认为共享单车无论是在人们短距离出行还是公共交通接驳换乘方面，都能够有效提升用户的出行效率，甚至明显改变了人们的出行习惯和城市交通格局。特兰等（Tran et al.，2015）通过分析共享单车运行记录，发现高频使用者选择共享自行车的主要目的为通勤，低频使用者的出行目的是多样的。共享自行车可以与地铁和公交接驳，形成更有效的通勤方式，在公共交通站点附近的使用率明显高于其他区域。

对于共享汽车，金等（Kim et al.，2015）和恰里等（2016）都认为共享汽车偶尔用于城市核心区的通勤出行。部分用户因为核心区停车短缺且费用高昂，通常乘公共交通工具上下班。但偶尔有紧急情况时，使用共享汽车可以大幅度地节约时间。同时，金等（2015）也认为共享汽车可以用于休闲娱乐出行、商务出行和个人活动出行。惠英等（2018）从共享汽车与出租车相比的价格优势考虑，认为共享汽车可以用于包含多个目的地的长距离出行，例如 5 小时以内有 1~3 个短时停留目的地的出行，共享汽车超出了出租车和按天租赁汽车的经济性范围。陈小鸿（2018）发现早晨通勤时段上海 EV-CARD 共享汽车的出行峰值主要发生在拥堵较少的区域，因此认为汽车共享主要争取的市场是非通勤时段出行者。恰理等（2016）在研究共享汽车使用意愿时发现"住所附近有共享汽车站点"比"工作单位附近有共享汽车站点"对消费者使用意愿的影响更大，一定程度上说明共享汽车不主要用于通勤出行，而是用于生活出行或休闲娱乐出行。

鉴于在大数据环境下用户类型利用简单的统计分析即可明确，因此用户类型已经不作为一个单独的研究主题。大数据分析在出行场景的识别和验证方面显示出其优越性。

一、消费意图的识别

一些学者认为场景的识别就是对不同的消费目的的识别（毕达天等，2018）。消费意图识别相关研究工作刚刚兴起，吸引了学术界和企业的广泛关注。消费意图识别是计算机科学、心理学和市场营销学的多学科交叉领域（钱岳，2017）。

戈德堡等（Goldberg et al.，2009）提出了"buy wish"的概念。他们从用户在互联网上发布的愿望清单和产品评论中的内容来识别其中的消费意图。陈等（Chen et al.，2013）在研究中由于消费意图语料的匮乏，在消费意图表达具有相似性的假设下提出了跨领域迁移学习的消费意图检测方法，该方法对于解决语料匮乏的问题有一定帮助。刘廷等（2015）提出了基于弱监督的图排序算法，该方法适用于数据总量较大，已标注数据较少的情况。丁等（Ding et al.，2015）提出了基于领域自适应的消费意图检测方法。段等（Duan et al.，2015）提出了基于社区问答的消费意图识别和挖掘方法，通过挖掘问题与回答之间的需求对应关系，把消费对象的挖掘问题转化为搭配问题。王等（Wang et al.，2015）将 Twitter 中用户潜在的意图划分为 6 个类别，并通过半监督学习的方法进行消费意图识别。杨等（Yang et al.，2013）提出了人们日常生活中经常出现的 12 种普遍需求，通过模板匹配方法获得了购买产品的用户，然后基于 Twitter 中的 unigram 特征、WordNet 中词的语义特征和表达需求的动词特征来训练分类器完成对用户消费意图的识别。

总的来说，这些消费意图识别的工作多基于用户的评价、社交问答等内容信息文本进行的识别，包括语义识别、情绪识别，以及机器学习中的聚类方法进行，效果较为理想。消费意图识别可以作为场景识别初期阶段，多样化场景发现和场景列举的方法，也可以作为典型场景消费行为特征的发现手段。

二、场景的验证

罗伯特·斯考伯和谢尔·伊斯雷尔（Rebert Skauber & Schell Israel，

2014）认为随时随处获取主体的定位信息和设备状况，可以对用户的实时动态进行感知、搜索、处理、传输、反馈，并能够通过 O2O 或 OAO（online and offline）模式，实时动态地构建起针对用户的服务场景。张振亚等（2011）也定义如果多个用户行为的信息在需求维度、搜索维度和信息接收维度具有相似性，则称这几个用户行为是一个场景。由此可以归纳和验证未知场景。

单晓红（2018）利用日期类、用户信息类、酒店信息类、酒店位置类、价格类、房间类型类，以及从评论中抽取的"特征观点"类作为刻画行为的特征属性，对入驻酒店目的进行分析，即对酒店的消费场景进行分类，发现了商务出差、朋友出游、家庭亲子、情侣出游和其他 5 个消费场景。毕达天等（2018）将大数据分析和传统方法相结合，综合运用问卷调查方法、访问日志挖掘方法、出声思考法将用户不同场景的信息需求期望、信息搜索习惯和信息接收偏好作为刻画行为的特征属性，将移动图书馆分为 5 个使用场景。吴明礼和杨双亮（2016）通过分析移动用户的行为数据，并利用 Spark 集群的并行计算，结合时间和空间两个维度作为特征属性，了解什么样的人在什么时间、什么地点喜欢做什么事，解决大数据场景下推送服务的准确度问题。黄文彬等（2016a）建构数据驱动的移动用户行为研究框架，主要包括：移动数据类型、移动用户行为模式分析、移动用户画像模型的建构和移动用户画像的深度应用。

在出行领域，刘菊等（2018）将出租车用户出行 OD（origin – destination）数据中的时间信息拆分成工作日和休息日的早高峰、日间、晚高峰以及夜间模式，共 8 种时间属性，又利用城市区域功能分类技术将空间位置信息拆分成 8 种空间属性，进而判断出租车用户的出行场景。陈小鸿（2018）比较了 EVCARD 上海地区订单数据和城市公共交通数据一天内的时间特征属性，判断共享汽车是否主要应用于通勤场景。黄文彬等（2016b）利用某电信运营提供商的 3 万位在线用户记录数据，采用频繁项集挖掘等方法，从移动用户频繁活动、规律行为以及移动速度 3 种特征属性判断用户出行场景，并进行了用户出行行为的预测。

　　同样在出行领域，一些复杂性科学研究将出行数据中的空间信息拆分成空间网络结构属性加入了场景分析，取得了一些成果，值得借鉴。史等（2015）基于手机数据、利用社群检测算法和核密度图方法，确定了出行轨迹的三种空间分布模式：单中心分布（城市内）、双中心分布（城乡间）和带状分布（郊区），即通过出行覆盖的空间位置特征找到了三种出行场景。通过分析轨迹的角分布和用户的回转半径，发现了这三种出行场景的不同运动特征。吴等（Wu et al.，2016）利用手机数据研究了武汉地区的居民出行，通过分析城市和农村地区的居民出行表现出不同的空间模式提取了四种重要的出行场景，城内节点出行、乡村内节点出行、多个乡村节点到一个城乡接合处城市节点的出行，一个乡村节点到有限几个城市节点的出行。维索洛夫斯基等（Wesolowski et al.，2015）基于手机数据分析出行轨迹的空间结构，把出行分成了城市内通勤、市内居民出行、农村居民进城、城市间探亲、农村内通勤等不同的出行场景。

三、场景特征的标签化

　　切实掌握用户在不同场景中的信息特征后，需要对不同场景的属性特征进行标签化，才能更好地为用户提供精准化服务。毕达天等（2018）在得到了移动图书馆的 5 个场景之后，基于模型对用户在不同场景的信息接收期望进行聚类，运用 Tagul 标签云生成工具对 5 个场景进行标签化处理，为不同场景制订了情境配置方案。音乐平台在不同的用户场景中对听歌习惯、听歌类型等进行标签化，从而为其推荐相关的歌曲（Yan et al.，2016）；余传明（2018）在区分贴吧理性评论和非理性评论后，对不同评论行为的粉丝跟帖数量、关注量、自选股、评论量、访问量以及发帖长度等行为特征进行标签化处理，为企业提供借鉴。

　　在出行领域，陈小鸿将出行分为通勤场景和非通勤场景后，利用通勤时段的出行率、工作或居住的位置信息以及是否邻近地铁作为标签，进行场景描述（陈小鸿，2018）。

第五节 用户出行需求的影响因素

在辨识出目标用户和出行场景之后，如何让消费者使用也是共享出行研究的关键问题之一。需求的影响因素研究是指找到消费者接受并选择共享出行的主要原因，以便企业有的放矢地刺激消费。

目前国内外的消费者接受、使用行为模型较为丰富，主要包括理性行动理论、技术接受模型、激励模型、计划行为理论、认知理论、创新扩散理论等（Venkatesh et al.，2012）。在这些模型的框架下，共享单车需求决策影响因素的研究包括：王等（Wang et al.，2016）发现站点附近商业区密度尤其是副食餐饮企业数量、工作区密度、社会人口统计变量影响共享单车的使用率。里克西（Rixey，2013）发现人口密度、工作区密度、区域经济收入水平及公共交通乘客数量是影响共享单车使用率的主要因素。法赫·伊玛尼等（Faghih‒Imani et al.，2014）发现站点周围一定范围内的道路类型及里程对共享单车使用率也存在明显的影响。罗桑扎西等（2018）发现租赁网点密度、基础设施及公共交通条件因子等影响着共享单车的使用决策，具体包括始末站点容量、道路里程、共享单车站点数量、公交站点数量、距地铁站的距离、购物网点数量、餐饮网点数量、公园绿地广场数量等变量。

共享汽车的需求决策影响因素的研究包括，兰伯顿和罗斯（Lamberton & Rose，2012）调研 Zipcar 用户发现共享汽车的实际功能及消费者能够访问共享网点数目是共享倾向的决定因素，用户的性别、年龄、婚姻状况、共享意识和环保意识对共享决策的影响不大。林德洛夫（Lindloff，2014）认为共享出行决策的影响因素主要包括共享出行与其他出行方式相比的经济性和快捷程度、找车的便利性、可选车辆多样性、站点与消费者的距离、站点与公共交通的衔接度，以及消费者的共享社区的归属感、环保意识。恰里等（2016）用瑞典全国共享汽车站点的空间分布数据实证了空间可获得性（站点的规模、分布的便利性）对共享汽车潜在用户使用意愿的影响。金等（2015）研究表明出行节省的费用以及用户的环保意识是影响共享出行参与者态度的最重要因素，性别、年龄和收入等个人特征的影响因人而异。舍费尔斯（Schaefers，2013）发现汽车共享的消费动机是价值、便利性和环境动机。刘等（Liu et al.，2014）认为对共享出行服务的预期和成本决定人们消费行为。国内学者周彪等（2014）认为共享汽车的价格是一个最主要的影响因素，取车、还车的手续简便也是一个重要因素，汽车的新旧程度、亲友是否使用的影响很小，基本可以忽略。兰静和诸大建（2016）选择上海市居民作为调查对象，发现首先价格对行为意向影响最大，其次为使用过程的便利性和易用性，社交功能影响不显著。张淼等（2012）发现价格因素会主要影响共享汽车的使用选择。惠英等（2018）调研了车纷享用户，发现经济实惠和使用便利是最主要的加入原因。谢雪梅等（2017）认为如果消费者感知到无信任保障，其使用意愿会大大降低。同时大城市的燃油车摇号和限行政策也是影响国内共享汽车需求的关键因素（兰静和诸大建，2016；杨学成等，2016，2017）。

第六节　用户旅程地图

如果说提炼典型场景中消费群体的虚拟用户形象是一种横向用户画像，那么用户旅程地图就是一种纵向的用户画像（Marquez et al.，2015）。旅程地图可以追随用户的脚步，将用户使用服务时的偏好和期望进行归纳，标签化处理，发现用户使用过程中的痛点和甜蜜点。

用户旅程地图较早地使用在服务设计领域，目前的互联网大数据让用户旅程地图研究重新焕发了活力。马尔克斯等（Marquez et al.，2015）利用用户旅程地图重新设计了用户拥有智能手机环境下的图书馆服务改进模型。沃尔尼和查罗恩苏克赛（Wolny & Charoensuksai，2014）分析了消费者在线上、线下不停转换的消费行为，对多渠道购物旅程进行了第一手的描述。克兰茨比勒等（Kranzbühler et al.，2018）通过拆解所有不满意的公司—客户接触点产生原因，研究了外包服务对品牌声誉的影响。该工作也提供了一种客户驱动的轻量级旅程映射的开发方法。罗森鲍姆等（Rosenbaum et al.，2017）为零售商城筛选被高估了的战略接触点，修改这些接触点的满意度指标，设计员工职责、其他部门配合支持和服务创新等策略。吴春茂（2017）分析了共享与普通产品服务在用户体验层面的差异，提出了针对共享产品服务的用户体验地图模型。刘洋（2017）设计了智能共享单车系统用户旅程地图，并为优化用户感受提出了系统改进建议。

用户旅程地图既可以放在研究之初，探测场景；也可以放在研究末端，寻找痛点、提出改进策略。用户旅程地图与场景研究相辅相成，完善用户画像研究。

第六章 共享汽车的出行场景挖掘

由于道路基础设施、停车资源已近饱和，大城市地面交通单纯依靠增加汽车保有量难以为继。汽车共享可以有效缓解出行供需矛盾，弱化私人购车欲望（陈清泰，2019），增加低收入群体的流动性（Shaheen et al.，2004），具有较大的经济和社会价值。短租汽车共享主要包括配有司机的网约车和未配置司机的分时租赁共享汽车（罗兰贝格，2018）。我国网约车发展强劲，与此同时分时租赁也悄然出现，自2012年先后在杭州、上海、北京、重庆、广州、深圳、成都等城市实施。分时租赁是以分钟或小时等为计价单位，利用移动互联网、全球定位等信息技术构建网络服务平台，为用户提供自助式车辆预订、车辆取还、费用结算的汽车共享服务。分时租赁，尤其是纯电动车分时租赁，被认为是与汽车未来电动化、数字化、网联化、智能化最契合的创新业态，有助于推动消费升级（程维，2017），普及新能源汽车，保护环境；同时为城市出行提供了一种新的选择，是对公共交通服务的有力补充（Duoma et al.，2008；Cervero et al.，2009）。

同属于共享出行，分时租赁要分流的出行市场与网约车最相似，与网约车存在潜在的补充替代关系。利特曼（2000）从便利性和价格角度比较了五种常见的交通出行选择，认为出租车和分时租赁都是短途出行中介于私人交通和公共交通之间的交通替代方案，都具有较低固定费用和较高可变费用的特征。埃夫蒂米乌等（2013）在希腊进行了分时租赁使用意向SP调查，发现在乘坐出租车进行社交活动的人群中分时租赁的受欢迎程度最高。美国最早的分时租赁公司Zipcar创始人蔡斯（Chase）认为出租车和分时租赁汽车的使用目的相同，只是由有无司机导致的费用不同，私密性不同。

从出行场景和时空特征角度分析，网约车和分时租赁车的差异可以在一些研究之间初见端倪。罗兰贝格（2018）研究发现网约车为38.6%的白领一族解决了公交过于拥挤、出租车难打的日常通勤困难。Uber共乘作为一种特殊网约车，被认为主要服务通勤上班的出行需求（Kelley，2007）。但是，丁晓华等（2016）研究我国分时租赁品牌EVCARD日用车时间分布时，发现有3个峰值：9：00～10：00，13：00～14：00和15：00～16：00。用车活动在上班后、下班前的非通勤时间相对频繁（丁晓华等，2016）。

对分时租赁而言，如果面对目标市场相同，相比用户规模3.46亿、注册司机1500万的网约车，运营车辆10万辆且绝大多数是新能源车的分时租赁完全没有竞争优势。由于资料来源的限制，能够横向比较两个行业的最近时间的数据只能采用2018年。截至2018年6月，全国注册的分时租赁企业超过400家。分时租赁代表企业GoFun出行与EVCARD的月活用户数分别为151.0万人、76.8万人。网约车代表企业，滴滴月活用户数为9191万人（国信证券经济研究所，2018；罗兰贝格，2018）。对于分时租赁共享汽车而言，只有找到差异化市场，才能谋求到发展空间。因此，分析分时租赁共享汽车在哪些出行场景中更贴近出行需求，具有更好的出行体验和经济效益优势，与网约车区分开来，具有较迫切的研究价值。

第一节　出行场景挖掘的相关研究概述

国内外学者对分时租赁的出行场景及其时空特征已经积累了一些研究成果。沙欣等（Shaheen et al.，1999）总结20世纪90年代分时租赁的应用场景时，提到其可以满足例如搬运东西、全家度假等不定时产生的出行需求。进入21世纪，沙欣等（2006）和乌麦客（Womak，1994）分别在工作中总结分时租赁主要出行场景包括：邻里、商业、大学、连接公交车站、购物和通勤者；卢卡和佩斯（Luca & Pace）在此基础上补充城市内旅游出行也可能是一个潜在市场。并且，在公共交通服务无法保证或效率不高的时期，作为替代汽车运输方式，分时租赁也可以作为公交系统的补充（Luca，2015）。巴特和沙欣（Barth & Shaheen，2002）也认为单程分时租赁汽车共享系统能被一小部分地用于休闲、购物和零星旅行。2010 年，学者们注意到分时租赁的出行场景开始逐渐从邻里住宅出行转向商业出行，其订单占比由 2006 年的 20%，提升到 2010 年的 31.8%，调研国家包括澳大利亚、奥地利、中国、日本、新西兰、瑞士和英国。沙欣等（2013）发现在美国 81.7% 的出行是邻里出行，12.3% 是商务出行，0.1% 是通勤出行，4.6% 是大学出行；法国巴黎的休闲出行（周末和晚上）最为突出，其次是拜访朋友和购物（Mairie de Paris，2007）。科斯坦等（Costain et al.，2012）研究了加拿大多伦多的大多数出行是去杂货店或其他家庭购物地点。多伦多 Carsharing 项目的研究工作给出了时间特征，大多数出行都是在 9：00 ~ 11：00 进行的，周末的出行率高于平日，但没有具体的地理、空间特征。

已有研究多基于专家预测和定性分析方法罗列了分时租赁共享的出行场景，但缺少来自中国的出行数据的验证，也缺少与出租车的对比分析。基于原有成熟的城市出租车基础，国内的网约车规模庞大，费用相对国外较实惠，并且在私家车拥有率较低的情况下，网约车的使用频率比国外要高。因此，我国的分时租赁共享汽车如何与网约车区分开来，分流共享出行市场，目前仍缺少真实的出行数据的验证和对比分析。

第 二 节　研 究 区 域 概 况 和 数 据 来 源

北京是我国的政治、经济、文化中心，拥有 2151 万人口，307 万私家车，是我国共享汽车出行需求最大的城市之一。研究区域选定在《北京城市总体规划（2016—2035 年）》报告中定义的城市中心区范围，包括东城、西城、海淀、朝阳、石景山和丰台 6 个区。

本书采用的数据主要包括分时租赁出行数据、网约车出行数据和城市空间 POI 数据三部分。分时租赁出行数据来自北京某分时租赁运营公司。该公司 2016 年 12 月成立，在北京城区内提供无站点、随取随停模式的分时租赁服务。该公司为研究提供了 2017 年 5 月 1 日至 2017 年 5 月 30 日北京地区全部订单数据。该期间分时租赁服务平台实际运营车辆数 104 辆。分时租赁订单总数为 10560 单，平均每车日单量 3.4 单。最大单车日单量为 7 单。样本数据包括订单号、取还车时间、费用、取还车经纬度等信息。

网约车出行数据来自 2018 年滴滴平台盖亚计划公布的脱敏数据，研究选取了一周内起始点都在目标研究区域内的订单，共 63900 条。样本数据包括订单号、订单时间、订单起点经纬度 GeoHash 编码、订单终点的 GeoHash 编码等信息。

城市空间 POI 数据是基于位置服务的核心数据，被电子地图等软件广泛运用，可以描述某个地理位置上用地性质及周边建筑的信息。本书选用了 2017 年百度地图平台提供的 POI 数据，研究区域内共包含 POI 位置样本 38.6 万条，每条样本包含城市代码、位置名称、地址（不全）、电话（不全）、位置用地类型、位置经纬度等信息。其中，与本书密切相关的"用地类型"中定义了 20 种用地类型，数据清理时删掉了与地图导航有关的"汽车维修""摩托车服务""汽车销售""汽车服务""地名地址信息""道路附属设施""交通设施服务""公共设施：公共电话和公共厕所"8 种类型的 POI 记录，保留了"餐饮服务""风景名胜""公司企业""购物服务""金融保险服务""科教文化服务""住宅区""生活服务""体育休闲服务""医疗保健服务""政府机构及社会团体""住宿服务"12 种用地类型的 POI 记录。

第三节 挖掘方法简介

本书基于出行订单的起始点位置数据 OD 和城市空间 POI 数据，探究出行场景。首先，利用层次聚类方法分析城市 POI 数据，定义目标区域中每平方千米区块的城市功能。其次，利用关联规则挖掘分时租赁和网约车订单中有代表性的 OD 城市功能对。最后，结合代表性 OD 城市功能对的时空特征，推断分时租赁和网约车的典型出行场景。

一、层次聚类定义城市功能

亚历山大等（Alexander et al.，2015）认为出行始末位置的城市功能可以帮助判断出行目的。如出行起点是"住宅区"终点是"餐饮娱乐购物区"，可以推测这是一次休闲购物出行，但判断城市功能并非易事。一种可行的解决方案是利用该地点附近公开的用地性质信息或商业信息来辅助判断该地区的城市功能（Wolf et al.，2001）。城市 POI 数据包含了细致的用地信息和商业信息，是此类研究青睐的数据源（Jiang et al.，2015；Phithak Kitnukoon et al.，2010；Yuan et al.，2012）。

首先，菲塔克·基特怒孔（Phithak Kitnukoon，2015）和王（2018）等将目标研究区域划分为 1 平方千米的虚拟区块，记为 $k \in \{1, 2, \cdots, K\}$。计算每个区块 k 中每类用地类型，记为 j（例如，"餐饮服务"或"公司企业"）对应的 POI 样本数量（P_{kj}），其中 $j \in \{1, 2, \cdots, J\}$。计算 P_{kj} 在所有区块中的排序百分比，记为 r_{kj}，具体计算方法为计算 j 的样本数量少于 P_{kj} 的区块数占区块总数的比例。那么，对于每个区块 k 而言，都会得到一个有关 POI 的排序百分比向量 $r_k = (r_{k1}, r_{k2}, \cdots, r_{kj})$。

其次，基于 POI 排序百分比向量 r_k，$r_{k'}$，计算任意两区块 k，k' 协方差，作为两个区块的相似度，$k' \in \{1, 2, \cdots, K\}/\{k\}$。由于协方差计算本身就不考虑向量尺度的影响，因此，将向量 r_k 进行标准化处理。再计算标准化后两向量的协方差 $\mathrm{cov}(\hat{r}_k, \hat{r}_{k'})$。

$$\hat{r}_{kj} = \frac{r_{kj} - \bar{r}_k}{\sqrt{\sum_{j \in J} (r_{kj} - \bar{r}_k)^2}} \tag{6.1}$$

其中，$\bar{r}_k$ 是向量 r_k 的均值。

再次，利用皮尔森相关距离矩阵计算任意两区块的距离，计算公式如下：

$$d_{kk'} = 1 - \frac{\mathrm{cov}(\hat{r}_k, \hat{r}_{k'})}{s(\hat{r}_k)s(\hat{r}_{k'})} \tag{6.2}$$

其中，$s(\hat{r}_k)$ 和 $s(\hat{r}_{k'})$ 分别是标准化向量 $\hat{r}_k$ 和 $\hat{r}_{k'}$ 的标准差。

最后，根据全连接最大距离聚类算法对目标区域内的所有虚拟区块进行聚类。每个区块 k 的聚类结果即为该区块的城市功能，用 c 表示，$c \in \{1, 2, \cdots, C\}$，$C$ 代表最优的聚类数。

最优聚类数（C）的选定是关键。本书通过比较邓恩指数（Dunn validity index，DVI）测评出的聚类效果来确定最优聚类数（C）。DVI 计算任意两个簇元素的最短距离（类间）除以任意簇中的最大距离（类内）。

$$DVI = \frac{\min\limits_{0 < m \neq n < C}\left\{\min\limits_{\forall \hat{r}_k \in \Omega_m,\ \forall \hat{r}_{k'} \in \Omega_n}\left\{\left\|\ \hat{r}_k - \hat{r}_{k'}\ \right\|\right\}\right\}}{\max\limits_{0 < m \leqslant C}\left\{\max\limits_{\forall \hat{r}_k,\ \hat{r}_{k'} \in \Omega_m}\left\{\left\|\ \hat{r}_k - \hat{r}_{k'}\ \right\|\right\}\right\}} \tag{6.3}$$

其中，k 和 k' 为任意两个区块，m 和 n 为任意两个聚类簇。$\hat{r}_k \in \Omega_m$，$\hat{r}_{k'} \in \Omega_n$ 代表两区块属于不同聚类簇，$\hat{r}_k, \hat{r}_{k'} \in \Omega_m$ 代表两区块属于相同聚类簇。DVI 越大意味着类间距离越大，类内距离越小，聚类效果越好。

二、关联规则挖掘订单的 OD 区块类型对

关联规则算法可以判断出行偏好，例如从 A 类地区出发，最有可能去往 B 类地区的问题。在定义城市区块功能后可以将出行订单数据中的 OD 信息，标记成 OD 位置的城市功能对，如表 6-1 所示。每个出行订单可以看作不同城市功能类型区域之间的二项关联样本。根据卢梭（Rousseeuw，1987）和郭等（Guo et al.，2020）的研究，首先从所有的网约车订单样本或分时租赁订单样本中，找出所有高频项目组，即出现的频率相对于所有订单样本高于最小支持度的二项组。其次，产生关联规则。计算所有高频二项组的置信度，若满足最小置信度，称此规则为关联规则。这种关联规则的发现可以了解哪些城市功能区块之间被用户频繁地租车出行。

表 6 - 1　　　　　　　　　OD 城市功能对的示例

订单序号	起点的城市功能	终点的城市功能
1	c_1	c_2
2	c_1	c_3
3	c_2	c_4
4	c_2	c_1
5	c_1	c_3
6	c_4	c_5
7	c_5	c_1
8	c_1	c_5
9	c_1	c_3
10	c_2	c_6
...	...	...

与关联规则有关的支持度公式为：

$$Support(c_i, c_j) = P(c_i c_j) = \frac{number(c_i c_j)}{number(AllSamples)} \tag{6.4}$$

置信度公式为：

$$Confidence(c_i \leftarrow c_j) = P(c_i | c_j) = P(c_i c_j)/P(c_j) \tag{6.5}$$

其中，c_i 和 c_j 分别为出行起点 i 和终点 j 所属区块的城市功能。为了简化计算过程，关联规则由 Apriori 算法完成。

第四节　网约车与分时租赁的典型出行场景

一、城市区块类型的空间分布

根据第三节的研究方法将目标研究区域分成 2841 个虚拟区块，并且基于每个区块上 POI 排序百分比向量进行层次聚类。由于最初的 POI 样本包含了

12 种用地类型，因此聚类数范围选定在 2 ~ 12。计算每次聚类结果的 DVI 指数如表 6 - 2 所示。聚类数为 6 和 7 时 DVI 达到最大值。为了研究便利，选择将城市区块聚成 6 簇，即分为 6 种城市功能。

表 6 - 2　　　　　　　　　　　　**不同聚类数对应的 DVI 指数**

聚类数	2	3	4	5	6	7
DVI 指数	0.0810	0.0813	0.0831	0.0832	0.0849	0.0843
聚类数	8	9	10	11	12	
DVI 指数	0.0466	0.0468	0.0479	0.0481	0.0481	

表 6 - 3 给出了每类城市功能的代表性地点，以及根据该类型所有区块的 POI 排序百分比向量 r_k（r_{k1}，r_{k2}，…，r_{k12}）均值绘制的用地类型分布雷达图。6 类城市功能的雷达图形状各异，尤其在"风景名胜""公司""金融保险""住宅区"等指标上的分布比例差异较大。这从侧面证明了聚类结果是有效的。

表 6 - 3　　　　　　　　　　　　**不同城市功能区块的特征描述**

区块类型	代表性地点	用地类型分布图
1 城中心住宅区	人民出版社第二工作区 北海荷花市场 清华大学家属院	
2 自然生态区	香山后山 温榆河 通惠河 首都机场	
3 生态公园和风景名胜区	紫竹院公园 北京动物园 西山八大处 奥林匹克森林公园	

续表

区块类型	代表性地点	用地类型分布图
4 城中心公共服务和商务混合区	首都图书馆 和谐文化创意产业园 半壁店文化产业园	
5 城中心商务区	北医三院 金融街 中关村海淀黄庄 国贸大厦	
6 外城住宅商务混合区	首钢旧址/中国动漫游戏城 国展中心（新馆） 丰台科技园	

根据表6-3和区块的经纬度位置信息，定义6类城市功能区为：（1）第1类区块为城中心住宅区，该区域有很多著名的历史遗迹，大部分为老城居民区，以及一些国家部委的办公区；（2）第2类区块为人活动较少的自然生态区，包括森林、河湖水域、机场停机坪等；（3）第3类区块为生态公园和风景名胜；（4）第4类区块为城中心公共服务和商务混合区；（5）第5类区块为城中心商务区，多集中在三环、四环区域；（6）第6类区块为外城住宅商务混合区，多集中在五环及以外地区。

二、典型出行场景挖掘

（一）高频项集

为了展示相对高频的出行OD城市功能对，对最小支持度的阈值反复试验，并综合考虑交通出行数据样本基数大、出行场景多等情况，将最小支持度设置为5%，挖掘出的高频项目集个数适中。表6-4列出了网约车和分时租赁的所有高频项目的支持度和置信度结果。

表 6 – 4　　　　　　　　　网约车和分时租赁的高频项目集比较分析

OD 城市功能对	网约车		分时租赁	
	支持度（S≥5%）	置信度（C≥30%）	支持度（S≥5%）	置信度（C≥30%）
5 ==> 5	*28.7%*	53.1%	*16.9%*	30.5%
3 ==> 3			*6.9%*	16.8%
6 ==> 6	3.3%	19.6%	*5.5%*	13.3%
5 ==> 6	*10.1%*	24.8%	7.9%	25.8%
6 ==> 5	*9.1%*	59.4%	*6.5%*	34.7%
3 ==> 5	4.2%	53.4%	*5.0%*	30.1%
2 ==> 5	*7.4%*	55.5%	4.1%	32.7%
4 ==> 5	*6.9%*	51.3%		
1 ==> 5	*6.8%*	51.6%	6.4%	38%
6 ==> 3			*6.5%*	31.2%
5 ==> 3	4.3%	10.9%	*7.4%*	22.3%
3 ==> 6	2.7%	17.2%	*6.5%*	31.2%

注：斜体下划线标记的是挖掘出的频繁项目集。但要同时满足（S≥5%，C≥30%）条件才能成为强关联规则，背景为深色标记的是强关联规则（深灰代表网约车，浅灰代表分时租赁）。空白代表支持度的结果小于1%，算法默认不给出结果。

由表 6 – 4 可知，无论是网约车还是分时租赁订单，最常出现的出行场景就是"5 ==> 5"，即在三环和四环的商务区之间的出行，网约车订单比例达28.7%，分时租赁订单比例达16.9%。城市功能区 5 正是北京市各个区交通最便利、企事业单位、商务中心分布最密集的地点，覆盖了金融街、中关村、国贸等产业示范中心。对于网约车而言，其他高频出行场景都和区块 5 相关。分别是"5 ==> 6""6 ==> 5""2 ==> 5""4 ==> 5""1 ==> 5"，这些以区块 5 为中心的出行占网约车订单总量的 40.3%。结合区块 5 的商务特征，这些出行场景印证了已有研究有关"网约车主要服务通勤出行"的结论（罗兰贝格，2018；Kelley，2007）。

　　进一步考察分时租赁的高频出行场景。根据已有研究，分时租赁不主要服务于通勤（陈小鸿等，2018），但具体服务哪些非通勤出行，没有定论，较为模糊（惠英等，2018；Kim et al.，2015；Zhao et al.，2018；周彪等，2014）。研究发现分时租赁的高频项目集合的确更多样化。其中，包括了一些通勤场景，如"5 ==> 6""6 ==> 5""1 ==> 5"，但所占比例不高，只占订单总量的20.8%。同时，也包括了同类型区块之间的出行场景，如"3 ==> 3""6 ==> 6"。它们分别代表了旅游景区之间的出行和外城住宅商务混合区之间的出行。值得注意的是，除了区块5之外，分时租赁高频集中还出现了另一个重要区块——区块3。区块3是城中生态公园和风景名胜较集中的区块，覆盖了紫竹院公园、北京动物园、西山八大处、奥林匹克森林公园等市民日常休闲旅游景区。围绕着区块3的出行场景包括"5 ==> 3""6 ==> 3""3 ==> 5""3 ==> 6"，以及景区之间的出行"3 ==> 3"，共占订单总量的32.3%。经过数据探查，这些场景与市内短途旅游出行密切相关。

（二）强关联规则

　　典型出行场景定义为支持度大于等于5%，且置信度不低于30%的强关联规则。如表6-4的深色背景标记，以网约车出行场景"6 ==> 5"为例，置信度高的强关联规则可解读为在外城住宅商务混合区（区块6）上车的用户有高达59.4%的概率会访问城中心商务区（区块5）。网约车挖掘到的强关联规则有5个。除商务区之间的出行"5 ==> 5"以外，都是以区块5为目的地的通勤出行，包括"6 ==> 5""2 ==> 5""4 ==> 5""1 ==> 5"。从区块5出发的返程通勤出行被排除了。由于以区块5为目的地的上班出行往往比较急迫，网约车需求较大；而下班后的返程出行时间不迫切，目的地更加多样，网约车的需求相对较小。

　　分时租赁挖掘到的强关联规则有6个。除了以区块5为中心的3种出行场景"5 ==> 5""6 ==> 5""1 ==> 5"，最有特色的就是以区块3为中心的市内短途旅游出行场景"6 ==> 3""3 ==> 5""3 ==> 6"。区块5和区块6分别是城中心商务区和外城住宅商务混合区，包含的面积大、出行频次高，所以占从区块 3 出发的订单比例高，非常合理。但值得注意的是出行场景 "6 ==>3" 也是强关联规则。这说明从区块 6 出发的分时租赁出行中，市内短途旅游出行的占比较高，占订单总量的 31.2%。

图 6-1 是网约车和分时租赁的典型出行场景对比图。总的来说，网约车典型的出行场景是商务区之间的出行和通勤出行。分时租赁在通勤出行场景中的使用比率要远低于网约车。分时租赁与网约车订单相比最大的特色就是专注服务于很多以市内生态公园和风景名胜为目的的短途旅游出行。此外，分时租赁在外城住宅商务混合区之间以及旅游景区之间等出行场景中的使用比例都大于网约车。

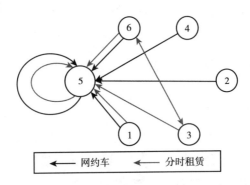

图 6-1　网约车和分时租赁的典型出行场景示意

第五节　分时租赁典型出行场景的时空特征

一、时间分布特征

分析分时租赁高频出行场景的特征有利于该服务的运营管理。图 6-2（a）给出了分时租赁市内短途旅游出行的用车时间分布特征。往返区块 3 的出行有明显的潮汐现象，去往生态公园和风景名胜的两类出行 "6 ==>3" 和

"5 ==> 3"均有一个用车高峰，发生在8：00～10：00；而返程的两类出行"3 ==> 5"和"3 ==> 6"也有一个用车高峰，发生在16：00～18：00。这两个时间段分别发生在早高峰之后和晚高峰之前，体现了市内短途旅游错峰出行的特点。而景区之间的出行"3 ==> 3"主要发生在8：00～20：00的日间时段，如图6－2（b）所示。

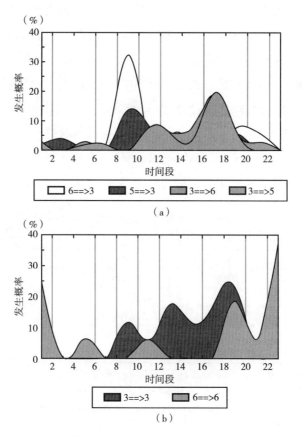

图6－2 分时租赁典型出行场景的时间特征

与之相反，外城住宅商务混合区之间的出行"6 ==> 6"却很少发生在白天，尤其是22：00～2：00达到用车高峰，如图6－2（b）所示。考虑到场景"6 ==> 6"的出行范围是郊区，城市的公共交通系统在22点以后停止运行，而深夜的出租车司机更愿意在市内接单，这个时段区块 6 内的交通供给出现了空白。此时此地，分时租赁成了非常好的出行选择。

二、成本优势分析

表 6-5 给出了分时租赁典型出行场景的租赁时长及其对应的费用。首先从每种出行场景的平均租赁时长来看，"城市短途旅游出行" 相关的区块 5 和区块 3 之间、区块 6 和区块 3 之间往返的 4 个出行场景的租车时长约为 2 小时。这符合居民市内休闲旅游出行的特点，由于区块 3 大部分位于郊区或市区边缘，与住宅区距离较远，通常留有 1~2 小时的出行时间预算。景区之间的出行 "3==>3" 持续时间最长，为 3.28 小时。这种出行主要用于多个景点之间的转场。用户不是一直在驾驶，包含了在景点的停车游玩时间。郊区午夜出行 "6==>6" 的平均租赁时长最短，仅为 0.9 小时。在这个场景中，用户可能会因为一些急事而租车，持续时间很短。

表 6-5   **分时租赁典型出行场景的成本优势比较**

典型出行场景	时长（小时）	费用（元）	替代出行方式及费用（元）	分时租赁占替代方式费用比（%）
3==>5	2.27	59.17	网约车，188.8[a]	31.3
5==>3	2.74	67.90	网约车，226.7	30.0
3==>6	1.80	39.38	网约车，151	26.1
6==>3	2.47	65.84	网约车，204.9	32.1
3==>3	3.28	57.31	传统租车，198[b]	28.9
6==>6	0.90	46.00[c]	网约车，156.4[d]	29.4

注：a. 北京市的网约车主要以出租车为主，根据 2018 年前北京市出租车定价标准，3 公里以内起步价为 13 元，3 公里以上每公里 2.3 元。23：00~5：00 的深夜出行每公里加收 20% 的服务费。出行场景 "3==>5" 中，假设驾驶 2.27 小时，市内驾驶时速为 35 公里/时，网约车费用为 188.8 元。

b. 以神州租车公司经济型轿车作为参考，日租费用为 198 元/日。

c. 分时租赁的夜间价格高于日间价格。

d. 假设该出行场景中用户一直驾驶车辆，夜间出行时速 60 公里/时，但该时段加收 20% 的服务费，所以网约车的费用为 156.4 元。即使网约车收费较高，但此时此地很有可能有价无市。

租车可精确到分钟、无司机等特点节约了分时租赁的服务成本。表 6-5 分析了 6 种出行场景的分时租赁订单的平均费用。同时根据网约车和传统租车（日租）的标准服务费，计算了可替代方式的费用。通过比较可以发现分时租赁的成本远低于其他共享汽车，仅占其他交通工具成本的 25% ~ 35%。由表 6 - 5 可知在本书挖掘出的这些出行场景中，分时租赁相比其他共享出行具有更大的成本优势。

第六节　出行场景挖掘的管理启示

本书提出了一种将出行数据和城市地理信息数据相结合的出行场景识别方法，通过对分时租赁和网约车进行挖掘和对比分析，区分了分时租赁的差异化出行场景。研究结果和已有工作相互印证，并且进一步细化了已有的研究工作。本书发现网约车订单主要服务于通勤以及市内商务区之间的出行。分时租赁最具代表性的出行场景是"城市短途旅游出行"和"外城住宅商务混合区的午夜出行"等非通勤出行。

本书提出的差异化出行场景进一步明确了分时租赁的存在价值，并有助于该服务的运营和发展。例如，外城住宅商务混合区的晚间出行侧面证实了分时租赁可以作为公共交通系统的补充。在一些特殊的出行场景中，分时租赁比其他共享汽车具有成本优势。分时租赁企业可以将业务特色定位于这些出行场景，以便用户从分时租赁服务中获益。一个健康的分时租赁产业有助于城市交通系统的可持续发展。

本书挖掘到的典型出行场景在一定程度上受城市特征影响。研究分析的分时租赁数据也是公司运营早期的订单数据。尽管存在这些局限，但本书综合使用城市地理信息数据和出行订单数据进一步提高了对出行行为的解释力，可以作为未来相关研究的参考。此外，所分析的 free - floating 模式分时租赁可以更好地反映用户的出行意向。无论是自由浮动型分时租赁公司决定各地的投放车辆数量，还是站点型分时租赁公司布局租赁点，都可以参考本书给出的建议。

第七章　共享汽车的消费决策影响因素

　　电动汽车分时租赁服务在一定程度上可以减少城市土地浪费，缓解停车位紧张等问题。它环保低碳，这种在新产业技术革命背景下产生的准公共交通服务模式是推动交通运输组织模式创新的一种新尝试，能有效提高车辆利用率，优化出行模式，以期在满足日益增长的出行需求、缓解城市交通拥堵等方面发挥重要作用（张国伍，2016）。经过文献研究发现，国内现有文献对于电动汽车分时租赁的运营模式、发展现状的研究已十分深入透彻。但尚未出现对于分时租赁消费者驱动因素的解释，亦未有成熟完整的分时租赁消费者影响因素的概念体系，因此希望通过此问题的探讨，能够为我国电动汽车分时租赁的用户研究做些探索性和创造性的发掘。

　　分时租赁进入中国市场的时间点正好是国内新能源汽车起步发展期（张锐，2016），我国在推广电动汽车的购买初期遇到很大的困难，虽然有补贴优惠政策，但对于普通消费者来说购买电动汽车成本依旧较高，而且电动汽车的性能未获得消费者的普遍认同（荣萍等，2016）。因此，出现了电动汽车分时租赁服务，有关部门希望通过分时租赁来推动新能源汽车的购买。但与此同时，分时租赁的推广也出现了阻碍，例如，站点密度不够，用户租车难、还车难；车位资源紧张；配套基础设施建设进度缓慢等。另外，相当一部分的消费者对分时租赁业务仍然心存疑虑。对于服务提供商来讲，这无疑是非常不利的，分时租赁公司刚刚进入这个新市场，吸引不到足够的消费者就意味着亏损和出局。因此，把握消费者的决策动机变得十分必要。

第一节　共享汽车用户调查样本的消费决策特点

据公安部交管局统计，截至 2016 年 6 月底，全国机动车保有量达 2.85 亿辆，其中汽车 1.84 亿辆；机动车驾驶人达 3.42 亿人，其中汽车驾驶人 2.96 亿人。众多持照无车人员都将是分时租赁的潜在消费者（彭波等，2016）。

结合调研结果，我们对分时租赁用户的特点进行了如下分析：

接受调查的消费者中，男性占 63.31%，女性占 36.69%，男性消费者明显多于女性消费者。用户年龄集中在 31~40 岁和 41~60 岁，分别占到总用户数的 35.97% 和 38.85%；消费者的学历中等偏上，本科学历所占比重最大，约为 45.32%；平均日出行距离以 1~10 公里、10~20 公里较多，分别占样本总量的 32.37%、33.09%。

受调查的大部分消费者对共享电动车的未来充满信心，未使用过分时租赁的消费者也有使用共享汽车的意向。其中一些人已经拥有驾照，却负担不起购车的费用，还有一些人有购车能力却摇不到号。

在现场问卷调查的过程中发现，有相当一部分消费者具有较强的社会责任感和环保意识，这种社会责任感会驱使这些消费者使用并且长期使用电动汽车分时租赁服务。

第二节　共享汽车的出行目的

大多数分时租赁使用者在作出使用决策时，是处于偶然而又急需用车的情景中，其中有一部分特定的人群对电动汽车分时租赁服务有着固定、硬性的需求。图 7-1 是多选题"请选择 3 种您认为共享电动汽车最适用的出行目的"的统计数据结果，据此，得出以下出行目的的相关分析。

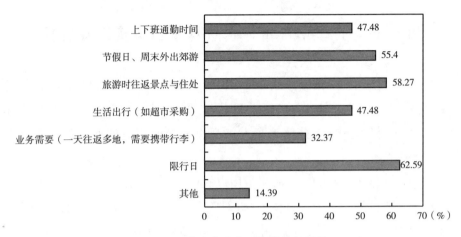

图7-1 共享电动车适用的出行目的

1. 上下班通勤时间。在此类出行目的中，消费者的主要需求是在生活社区和企事业单位之间的短途固定路线通勤。主要特点是取车时间与还车时间相对集中，一般在7：00～8：00及17：00～18：00为使用高峰。上下班高峰期间，公共交通不是那么便利了，公交车路线固定、经常堵车；地铁更是人满为患，分时租赁的优点相比更为突出。调查结果显示，有47.48%的消费者会在此场景下使用电动车分时租赁服务。

2. 节假日、周末外出郊游。此种出行目的一般出现在节假日与周末，用户需求一般为到城市景点或郊区游玩。主要特点是使用高峰集中在10：00～14：00。行车路线集中且单一，与第一个场景类似；停车地点也相对集中。其中，约有55.4%的消费者倾向于在此情形下使用分时租赁服务。

3. 旅游时往返景点与住处。此类场景中，消费者以游客的身份加入到了分时租赁服务的使用中。随着自由行旅游模式的流行，消费者往往会自己规划旅游路线与行程，此时共享汽车这一成本低廉、灵活性高的交通方式显示出了优势。该场景中用户出行特点是地点集中（一般为景区附近）、路线单一集中、偶尔携带大件行李。首汽 GoFun 已经和如家合作，针对此用户群提供服务（彭波等，2017）。结果显示，约有58.27%的消费者选择在此场景下使用分时租赁服务。

4. 生活出行（如超市采购）。在一些大城市（如北上广）中，有相当一部分的消费者居住在卫星城或城郊，距离市区较远；一些高校的大学城也建在城郊，距离生活超市较远，采购时间集中在周末，且一次性购买大量生活用品；而越来越多的大型超市（如沃尔玛、家乐福），还有奥特莱斯，也将选址定在郊区。这些地区公共交通系统不发达，虽然超市在生活区、大学城附近有超市班车，但班车站点固定、时间固定、载客量有限，一定程度上还是不够便利。所以分时租赁在该场景下的需求量十分可观，有较大发展潜力。然而，问卷调查数据显示，有47.48%的消费者选择在此情景下使用分时租赁，该数量与上下班通勤场景中人数相同。

5. 业务需要。在这种出行目的中，用户因自身业务特点，需要在一天中携带大件行李往返多地。以销售、中介、中小企业业务员、摄影记者等为主，他们需要一天内多地周转用车，而且有时随身行李较多（彭波等，2017）。比如，摄影师需要携带三脚架等摄影器材辗转多地进行商业图片的拍摄。而问卷的数据显示，有32.37%的消费者在此情景下选择分时租赁。

6. 限行日。为缓解城市道路拥堵，环境污染等问题。全国各大城市，如北京、上海，推行了尾号限行措施。虽然在一定程度上缓解了交通与环境压力，但消费者的出行受到限制，有诸多不便。在这种情形下，消费者使用分时租赁服务的倾向变得十分明显，而且消费人群多为有车人士。受调查的消费者中，高达62.59%的消费者选择了限行日。这说明在此情境下，分时租赁有很大的市场。

第三节　共享汽车消费影响因素研究综述

一、共享经济发展现状

共享经济理论是在传统产能过剩的深层推动和传统商业模式成本困局的背景下，主要经济价值观的全球一致化为内生动力，金融危机为直接诱因形成的，这是分享经济产生的经济背景（张锐，2016）。人们把自己闲置的物品拿出来，与别人分享使用，从而让闲置的资源得以利用，产生经济价值。现代互联网的迅速发展使得共享经济打破了时间与空间的局限性。

共享经济的发展让人们对租房、拼车、物品共用产生极大的热情，而移动互联网时代的来临使交易变得更加方便和快捷，从而促使共享经济快速蔓延（高原，2015）。一些共享企业的大规模发展，意味着共享经济时代已经到来。共享经济带来的多种社会效益和环境效益让它成为近几年人们关注的焦点，并且成为互联网中的热词之一。

而今，已经风靡全球的电动汽车分时租赁在中国进行得不温不火，几乎同期发展的共享单车业务却在近几年呈现井喷式的发展，"小红车"和"小黄车"穿梭于大街小巷。这样的景象也是电动汽车分时租赁的推广者们所设想的：人们逐渐淡化汽车私有的概念，实现汽车共享的愿景。

在中国，发展共享经济有一些有利的条件，现在的城镇化、人口老龄化速度加快，城市的资源越来越有限，需要共享经济的参与来缓解资源稀缺现状。"90"后和"00"后年轻人成为新兴经济的消费主体，移动互联网教育出来的一代分享文化、习俗也与传统消费观念大不相同，这些社会背景有利于推动共享经济在中国的发展。共享经济在国内，2016年占整个国民经济的比重才3.45%左右，所以这个空间很大，而英国已经超过了10%（张国伍，2016）。国内把Uber这种共享经济出行的模式扩展到为政府的出行服务提供一种新的模式，如滴滴公司把"滴滴租车"改为"滴滴出行"（张国伍，2016）。

二、消费者决策影响因素研究现状

1. 环保意识因素。一旦提到新能源汽车，人们首先想到的就是环保节能，而且大部分人普遍认为消费者选择使用新能源汽车分时租赁是出于本人的环保意识。但德国学者纳丁·皮珀和大卫·M. 沃伊斯彻拉格（Nadine Pieper & David M. Woisetschläger，2014）研究发现，环保意识是影响消费者决策程度最小的，而成本和便利性的影响程度最大。他们指出，在德国分时租赁发展早期，环保因素占主导地位，因此那些早期使用分时租赁的用户，可以更多地理解为"支持者"（即支持可持续发展这个概念的人）而非消费者。由此可见在分时租赁的后期，环保意识会从主要影响因素变为次要影响因素。

荷兰的伦斯·梅杰营（Rens Meijkamp，1998）也提出了类似的观点，他认为那些觉得自己对于环保有个人责任的用户会更多地受此因素支配，然而，从更广泛的意义上讲，环保意识在消费者决策中只能充当附属角色，用户与服务供应商有着相同的环保价值取向，但这种价值取向基本上不能对消费者的决策产生任何影响。

2. 成本因素。成本因素是用户决策的主要因素之一，国外多篇文献的用户决策分析，也把它放在首位。德国的皮珀和沃夫冈拉茨勒（Pieper & Woisetschläger，2014）对成本因素是这样解释的：对于那些不是每天出行而且短途出行的用户来讲，分时租赁与私家车相比更有价格优势，如果消费者能感知到这种成本的节约，那么他们对于企业的态度就越好，即租金越少，消费者的使用频率越高。

3. 便利性因素。便利性对于消费者决策的影响程度非常大，它与成本因素一样可以促进消费者对服务提供商的好感度。便利性有很多方面，不仅包括站点距离，还包括用户能否在使用时预约到想要的车型、能否节省时间，甚至还包括收费标准和应用软件操作是否容易理解。斯蒂芬·M. 佐普夫和大卫·R. 凯斯（Stephen M. Zoepf & David R. Keith，2016）在对美国的消费者进行的分析中得出站点距离与用户使用频率成反比的结论。纳丁·皮珀和大卫·M. 沃伊斯彻拉格（2014）在对于汽车共享用户行为的调查中，还使用了"基础设施因素"作为参照变量，包括分时租赁与其他交通方式的连通性、到站点的距离以及与公共交通的连通性，这些参照变量的影响在数据分析中十分显著，表明消费者对于便利性有强烈的期望（彭波等，2017）。

4. 生活方式因素。此因素可称为从众心理和炫耀性消费需求，可以促使消费者作出使用决策。这两个维度是由纳丁·皮珀和大卫·M. 沃伊斯彻拉格（2014）提出的，具体表现为分时租赁的用户把自己视为此类用户群体中的一员，并且经常与他人谈起自己使用分时租赁的感受。而在中国，私家车不仅是交通工具还是个人财富的象征，所以中国消费者最有可能受这两个因素的影响。这两个因素与较好的用户体验和较高的产品忠诚度有关。荷兰的伦斯·梅杰营在对分时租赁消费者决策过程进行研究时，总结出惯性行为在分时租赁决策中扮演了很重要的角色，而且消费者的惯性行为会导致冲动消费。当代中国的年轻人对社会认同有着强烈的需求，他们渴望与众不同、引领时尚。电动汽车分时租赁这种新型的出行方式，满足了此类消费者的心理需求。

5. 政策因素。对于中国的分时租赁用户，政策可以单独地作为一个用户决策影响因素来研究。政策在某种程度上会增强消费者的从众心理。在国家大力倡导环保理念时，消费者会出现从众心理。

纳丁·皮珀和大卫·M. 沃伊斯彻拉格（2014）对德国政府的分时租赁政策进行了研究：自 19 世纪 80 年代后上台的各届执政党，对待是否为共享汽车业务提供停车位的态度各不相同，有的党派非常支持分时租赁的发展但并没有出台针对停车位的有效政策，有的党派甚至明确拒绝支持分时租赁，可见德国发展分时租赁初期缺乏有力的政策支持。

与欧美国家相比，我国推行电动汽车的最大优势就是政策环境。国家发改委针对新能源汽车出台了《新能源汽车碳配额管理办法》，在 2017 年 1 月我国财务部、科技部、工信部、国家发改委发布了《关于调整新能源汽车推广应用财政补贴政策的通知》。而早在 2016 年 4 月国家和地方已经出台新能源汽车相关政策 58 项。国家的大力支持也为中国的电动汽车分时租赁提供了资源优势。

国家对牌照资源的限制越来越严苛，现在有本无车的人占大多数，外加限行日的控制，从另一角度来说，这些资源限制政策会促使一部分人选择电动汽车分时租赁出行。

6. 资源稀缺性因素。资源稀缺性与消费者在决策中的感知风险密切相关，这个影响因素是由凯特·波伊纳和兰德尔·罗斯（Cait Poynor & Randall Rose，2012）首先提出的：资源，即当用户使用分时租赁时，希望得到的产品和与此产品相关的资源。牌照、停车位和充电桩是分时租赁的核心资源。除此之外，还有取车点、可用车数量及电动车剩余电量。当一名消费者使用分时租赁车辆时会和其他潜在的消费者形成一种资源竞争关系，即取车点的可用车数量，以及还车点的车位数量。成本费用和便利性是用户决策的主要影响因素，但分时租赁核心资源的稀缺性对于用户的使用决策同样有着重要的影响。

7. 感知风险因素。即用户在使用电动汽车分时租赁时的风险感知。这一因素是在笔者使用共享单车之后发现的。比如，在通信信号不好的地方使用手机应用开锁时，出现开锁延迟，消费者放弃使用后，自行车锁意外打开开始计费，造成消费者的个人经济损失或车辆丢失。

目前，分时租赁服务提供商没有对权责进行明确的划分，出现交通事故时，事故责任该由哪方承担的问题依旧模糊。另外，使用手机 App 进行开锁产生了误计费，责任是由服务提供商还是消费者来承担是目前分时租赁用户较为关心的问题。消费者选择分时租赁服务时，风险因素在一定程度上会影响便利性决策因素，甚至会决定消费者是否会继续使用电动汽车分时租赁服务。某些运营商在会员协议中规定：由于网络问题造成的经济损失将全部由消费者承担。

第四节　我国共享汽车消费决策影响因素实证

显然，消费者在购买商品和使用服务时总会受到各种因素的影响，如费用、商品外观、实用性等。使用分时租赁的消费者亦是如此，他们的使用决策受到便利性、成本、感知风险等因素的影响。

研究消费者的使用决策影响因素，对于共享汽车服务提供商有着重要的意义，它不仅有助于服务提供商高效管理自己的服务，提高服务质量；而且可以提高用户的使用频率和消费者的忠诚度。经过将近一个月的问卷投放，线上一共回收了139份有效样本，现场调查问卷一共58份。以下调研结果分析对比了各因素对已使用分时租赁的消费者和未使用分时租赁的潜在消费者的影响。

一、环保意识因素

根据现场调查结果来看，无论是潜在消费者还是已经使用过共享汽车服务的消费者，或多或少会出于自身的环保意识选择共享汽车服务出行。

图7-2反映了问卷问题"我会有意识地乘坐环保交通工具"中，有42.4%的人选择了"比较同意"，36.0%的人表示"完全同意"。可见消费者对此反应非常积极。

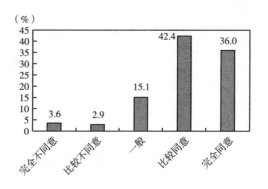

图7-2 我会有意识地乘坐环保交通工具

图7-3反映了问卷问题"为保护环境会尽量少使用私家车"，明显可以看出35.25%的人选择了"比较同意"，30.94%的人选择了"完全同意"。

这个结果从一定程度上表明，我国消费者的社会责任感与环保意识较强，他们会支持像分时租赁这样的环保出行方式。所以，环保意识可以作为消费者使用共享电动汽车的一个重要影响因素。而这一结论，与纳丁·皮珀和大卫·M.沃伊斯彻拉格（2014）的结论相反，即环保意识在消费者的使用决策

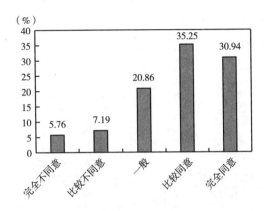

图 7-3 为保护环境会尽量少使用私家车

中并不占主导地位。

出现这种情况的原因：一是中国的电动汽车共享服务正处于开拓市场的萌芽期，而在这一时期，分时租赁的使用者都是敢于尝试新鲜事物，并且有高度社会责任感的人；二是相比我国，欧美国家发展共享电动汽车及相关服务已有相当长的时间，瑞士更是共享汽车服务的发源地，分时租赁的使用已经形成规模，各大服务提供商的竞争市场业已形成，当地消费者更多关注服务本身的成本与便利性。

二、成本因素

成本因素可以理解为使用共享汽车的经济性，即是否省钱。对此，问卷中分别比较了共享电动汽车与出租车和私家车的成本。

分时租赁与私家车和出租车相比有着较为优越的成本优势，例如，GoFun的计费标准为每分钟 0.1 元，每公里 1.0 元；北京出租车的起步价是 3 公里13 元，每公里 2.3 元；使用私家车还要考虑一系列的保养费用和保险费用。所以，对比来看，分时租赁的成本优势比较明显。

经调查发现，在选择出行服务的过程中，成本因素往往是消费者必然考虑的，无论是已使用过共享电动汽车服务或是未使用过该服务的用户，对价格都非常敏感。

图7-4中对于问题"使用共享电动汽车比出租车省钱",有28.8%的人表示"一般",40.3%的人表示"比较同意"。

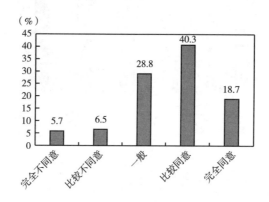

图7-4 使用共享电动汽车比出租车省钱

图7-5反映了共享电动汽车与私家车的成本对比情况,有23.0%的人表示"一般",39.6%的人表示"比较同意"和25.9%的人表示"完全同意"。这表明消费者能明显感知到共享电动汽车较私家车的成本节约。

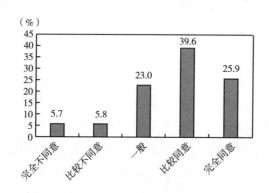

图7-5 长期来看,共享电动汽车比拥有私家车省钱

图7-6是关于共享电动汽车是否能使消费者负担频繁开车的成本。有30.2%的消费者选择了"一般",36.7%的人表示"比较同意"。

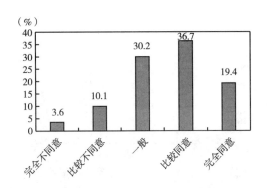

图 7－6 有了共享电动汽车可以负担频繁开车出行的成本

综上可知，消费者对于成本因素较敏感，并且成本因素是消费者影响决策的主导因素之一。未来，随着分时租赁服务的完善，会有越来越多的消费者被它低廉的价格所吸引。这点与共享单车的使用十分类似。之所以对成本因素的态度明显，是因为有一部分分时租赁的消费者有驾驶证但是买不起车，而共享电动汽车的成本优势对这部分消费人群是利好的。

三、便利性因素

便利性因素与成本因素一样，是影响分时租赁消费者使用决策的主导因素之一。共享电动汽车服务也是通过成本和便利来吸引消费者的。便利性包括站点距离、充电桩密度、出行时间、与其他交通方式联合、车内舒适度等。分时租赁服务的便利与否对消费者的使用意愿有着决定性的影响，还可增进顾客对服务提供商的好感度。

除此之外，站点距离、充电桩密度也可以作为"基础设施因素"来考虑，充电桩的分布密度影响了分时租赁使用的便利性，即当车辆需要充电时，用户能不能及时找到充电桩充电，以及是否可以尽快在附近找到站点。

图 7－7 调查了分时租赁相对公共交通的便利性，有 43.2% 的人选择了"比较同意"，27.3% 的人选择了"一般"。说明消费者认同共享电动汽车比公共交通节省时间。

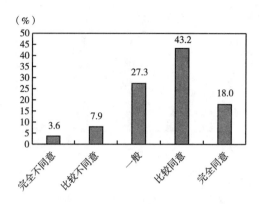

图7-7　与公共交通相比共享电动汽车节省了时间

图7-8是关于共享电动汽车与其他交通方式连通性的数据统计结果，其中，有39.6%的人表示"比较同意"，25.2%的人表示"完全同意"。说明目前分时租赁的站点设置是比较合理的，与其他交通方式的连通性较好。

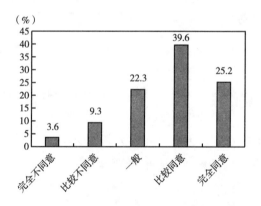

图7-8　使用共享电动汽车出行很容易与其他交通方式连通

图7-9调查了关于共享电动汽车手机应用的便利性，即使用手机搜索，找、取车是否方便，有47.5%的人选择"一般"，30.2%的人选择"比较同意"。虽然保持中立的人比较多，但仍有较多人认为手机应用的使用是不方便的，因此服务提供商需要进一步强化应用软件的功能。

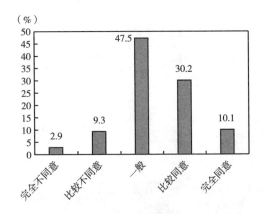

图7-9 使用手机搜索，找、取车的过程很复杂

四、生活方式因素

此因素也可理解为分时租赁的形象与社交属性。意为，消费者会因为追赶潮流，受社交活动的影响作出使用分时租赁服务的决定。以共享单车为例，当周围人都在使用共享单车时，消费者出于社交需求，也会使用共享单车。

当代中国的年轻人对社会认同有着强烈的需求，他们渴望与众不同、引领时尚，频繁刷新自己的社交主页以寻求更多关注，并且他们喜欢尝试新鲜事物——电动汽车分时租赁这种新型的出行方式。

此因素下设计了3个问题："我经常和他人分享共享汽车的使用体验"，有46.64%的消费者选择了"一般"；关于"使用共享电动汽车符合我本人的个性"，有43.17%的消费者选择了"一般"；关于"当告知别人我是共享电动汽车的使用者时，他们往往表示赞赏"，选择"一般"的消费者占49.64%（见图7-10）。

由数据可知，分时租赁的形象与社交属性在消费者决策中没有特别明显的影响。原因是，现在的电动汽车分时租赁没有共享单车那样流行，依然是小众选择的出行方式，不足以在社交当中形成话题。

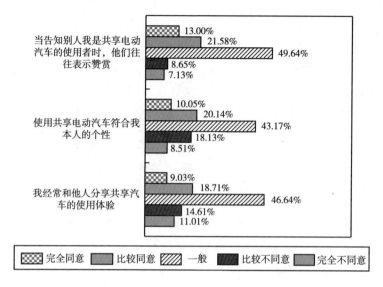

图7-10 共享电动汽车的形象及社交属性

五、资源稀缺性因素

这里的资源指的是公共设施资源，如站点、充电桩、停车位等。通过现场问卷调查发现，资源稀缺性因素对首次使用电动汽车分时租赁服务的用户有明显的影响，用户在使用过程中有普遍的里程焦虑，像是多长时间之后，汽车电量会耗尽，还车点的车位还有多少以及取车点的可用车辆还有多少等。资源稀缺性因素在某种程度上会影响便利性因素。

图7-11反映了"需要用车时，家附近就有分时租赁站点"的统计结果，其中使用过分时租赁的用户选择"一般"较多，占到43.3%，"比较不同意"占到26.7%。而未使用过分时租赁的用户选择"完全不同意"更多，占到23.8%。对比之后可知，分时租赁站点不够密集，而且未使用过服务的消费者更不容易注意到站点。

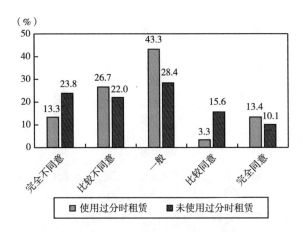

图 7 - 11 需要用车时，家附近就有分时租赁站点

图 7 - 12 反映了"需要用车时，站点通常无车可租"的统计结果，有35.3% 的人选择"一般"，32.4% 的人选择"比较同意"，21.6% 的人选择"完全同意"。这表明不仅站点少，而且站点中的可用车辆也很少。

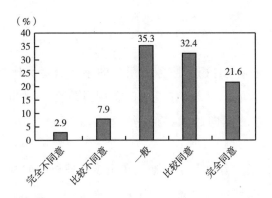

图 7 - 12 需要用车时，站点通常无车可租

现在共享汽车的停车位依然比较稀缺，在问卷问题"整个城市的共享电动汽车站点比较少"中，32.4% 的人选择了"比较同意"，还有 36.7% 的人选择了"完全同意"（见图 7 - 13）。现场调查中在站点附近采访了一些使用过分时租赁汽车的用户，一些客户反映在使用电动车的过程中会出现车辆电池耗尽停在半路的情况，站点内的可用车也会出现电动汽车电量不足的情况，这样消费者不得不选择弃用分时租赁服务。

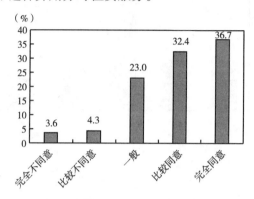

图7-13　整个城市的共享电动汽车站点比较少

因此可以得出结论，资源稀缺性是影响我国电动车分时租赁消费者使用决策的主要因素。这个因素会决定消费者是否会继续使用分时租赁服务提供商的产品，即品牌忠诚度。

六、风险因素

风险因素是使用分时租赁服务时用户的感知风险。比如共享汽车出现车辆事故时用户的损失，误操作造成的费用风险等。感知风险越小，顾客使用分时租赁服务的意向越大，使用频率越高，反之则会不利于吸引消费者。

图7-14反映了"驾驶共享电动汽车出现交通事故时权责不清楚"的统计结果，未使用分时租赁用户选择"比较同意"和"完全同意"的比例，要比已使用过分时租赁的高，分别为41.3%和17.4%，所以对于权责事故的感知风险，潜在消费者更为敏感。

图7-15是关于手机应用引起的误计费问题。有41.7%的人选择"一般"，还有33.1%的人选择"比较同意"。

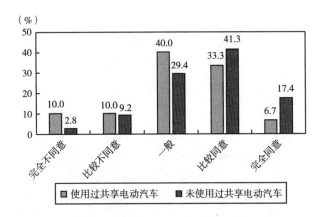

图 7 - 14 驾驶共享电动汽车出现交通事故时权责不清楚

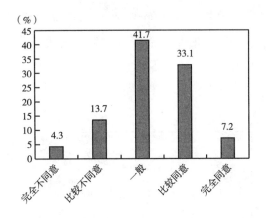

图 7 - 15 手机应用常出现误计费，无法还车、开车等问题

最后是关于分时租赁信息安全风险的问题，有 26.6% 的人选择 "一般"，38.9% 的人选择 "比较同意"，23.0% 的人选择 "完全同意"。从图 7 - 16 中可以看到很明显的倾向：大家对于信息安全风险最为敏感。

共享电动汽车服务与互联网联系紧密，与此同时也带来了个人信息的安全隐患，所以企业要确保用户的隐私安全，及时修复漏洞。而共享电动汽车不同于共享单车的是，交通事故涉及法律法规，权责划分需要细化明确。至于出现的误计费，软件无法取还车的情况，也需要企业建立起完善的用户投诉机制，及时解决消费者在使用过程中出现的问题。

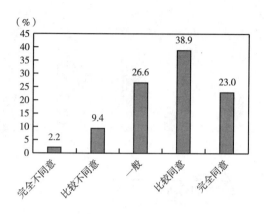

图7-16　使用共享电动汽车有信息安全风险

从图7-17可以看出各影响因素的平均分数情况。其中出现了两个峰值：环保意识与经济性，即对分时租赁消费决策影响最大的是用户自身的环保意识与对低廉价格的偏好。平均分数最低的是分时租赁的社交属性，只有3.09分，因此这个因素对消费者的影响不明显。

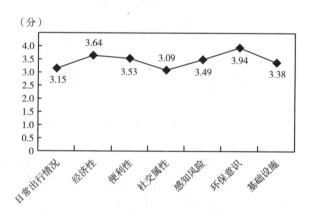

图7-17　各消费决策影响因素的平均分数

第五节　基于消费决策影响因素的合理化建议

在共享经济流行的今天，消费者越来越把共享出行这种环保、低碳的出行方式当成一种风尚和潮流，时下互联网与社交媒体的兴起，已然成为共享出行发展的助推器。在如此利好的环境中，中国电动汽车分时租赁的蓬勃发展指日可待。

目前，我国电动汽车分时租赁处于市场开拓期。分时租赁的市场竞争格局尚未形成，各运营商忙于跑马圈地，无心在提升消费者使用体验中投入太多精力。

出行目的分析中，消费者更倾向于在限行日、节假日出游及上下班通勤的场景中使用电动汽车分时租赁。而消费者选择在限行日使用分时租赁出行的倾向最强。所以日后，分时租赁服务商可在限行日、节假日期间推出促销活动。

除成本、便利性等主导因素，环保意识也是影响分时租赁消费者决策的主要因素。使用过分时租赁的消费者同时也具备高度的社会责任感，个人的环保意识比较强。然而，电动汽车共享服务的社交形象并不会影响消费者的决策，因为分时租赁服务依然是小众群体的出行方式，不足以成为消费者社交中的热点话题。

另外，基础设施因素与便利性因素联系紧密。站点、充电桩的密度及可用停车位的数量会影响消费者的使用倾向。通过问卷调研还发现，感知风险因素对于未使用过分时租赁的消费者影响更大，他们对于信息安全、事故权责有着更多的担忧。

中国的汽车保有量逐年提升。在文化上，汽车依旧是身份地位的象征，这种需求非常强劲，以至于消费者忽视了汽车本身的交通功能。可以预见汽车作为社会地位的象征还将长期存在，豪车的消费也会一直持续下去，推广分时租赁在中国尚需时日，因此对于消费者的价值观引导是必需的。

第八章　共享汽车的用户旅程地图

共享经济在中国飞速发展，越来越多的共享服务相继映入眼帘，共享汽车是继共享单车后出现的，它的出现代表了一种新的汽车使用模式。同时，我国共享汽车行业发展虽然已经从起步阶段进入快速发展阶段，但是还不足以形成气候，在整个行业的发展道路上充满了"拦路虎"，在推广过程中出现了阻碍。例如，行业服务能力不足、企业经营风险较高、押金多、注册手续复杂、站点密度不够、用户租车难、还车难、车辆状况差、资费贵、安全性问题、共享汽车新模式发展亟待引导等；大多数人对共享汽车的认可度不高，对该项服务心存疑虑，大家的态度也不一而足，或投入，或反对，或观望，这对于服务提供商来讲，是非常不利的。要想让大众打消这些疑虑，接受共享汽车，就要找到共享汽车的使用用户及潜在用户的关键节点，找到他们在使用共享汽车时最关注的方面和最介意的点，及时掌握消费者动机，然后对这些方面进行服务改进优化，从而达到用户满意，让越来越多的人愿意使用共享汽车，并且愿意将其推广给其他人。在每一位用户的使用期间，可以使他们在线上线下都有一个好的用户体验，使共享汽车这个平台更好地发展下去，得到推广，让该项服务得到更多人的认可，吸引更多的消费者。

本章以研究更好地改进共享汽车的服务为目标，在借鉴国内外文献的基础上，利用用户访谈法找到共享汽车使用用户的关键节点，在共享汽车租赁站点邀请用户填写问卷，找到用户的使用痛点。共享汽车为没有私家车、学生党、异地旅行等群体提供了很大的便利性；但同时共享汽车的信息平台、监控平台、保险维护这些关键点会成为共享汽车推广中的阻碍。对此，本章从企业自身服务人员方面、企业自身的服务流程、政府部门的配合支持和企业服务内容的创新四个方面提出了相应的合理化建议。

第一节 用户旅程地图的文献研究背景

一、用户旅程地图方法

企业设计一项产品时必须考虑一些关键细节，尽管它们与产品本身的功能无关，但是最后企业可能会发现最初的产品设计想法是一厢情愿的。现如今，用户体验的好坏是衡量一个产品是否成功的一项重要因素。每个企业都在为更好地满足客户需求为最终目标而努力，他们设计出的所有产品都是为了更好地服务顾客，根据每一位使用过该产品的客户的评价不断地改进产品，从而更好地满足每一位顾客的需求，用户旅程地图可以简化这一过程，把客户的需求和产品的服务设计、用户满意度更好地体现出来。

吴春茂等（2018）和陈惠敏（2016）解释了用户旅程地图是一种研究用户真实体验的方法，每一个产品的设计师都是从用户的角度出发，定位和描述一个完整过程中每个阶段的用户与产品、服务、系统之间交互的工具；用户旅程地图是一种描述客户在使用产品或者服务时的体验，主观反应和感受的方法。这个方法在设计、市场和营销、内部流程优化等方面都可以发挥一定作用，可以去探索用户行为背后的动机和意义；去了解用户"希望获得什么""到底想解决什么问题"这些信息有助于企业把精力聚焦在那些影响力最大的因素上；可以帮助企业更深入了解用户、辅助进行用户的分类；可以使客户对企业产品的预期与用户体验更好地相贴合；可以进行产品或服务的重构，帮助企业进行企业流程再造（Wolny & Charoensuksai，2015）。它是目标用户在相应情境下行为体验的分析，描述了每一位用户在一个完整的服务体验过程中每个阶段的体验情况，并用图形化的方式将其记录、整理并表现出来。用户旅程图主要包括体验阶段、行为流程和接触点、用户情绪、痛点与机会点几个部分，通过分析用户服务体验过程中的行为和情绪变化可以发现用户的痛点，从而发现产品的设计机会点并最终确定服务体验的设计点（吴春茂等，2017）。

刘静在《什么决定着用户对产品的完整体验》一文中指出，用户旅程地图可以关注用户从最初访问到目标达成的全过程，而不仅仅是只关注其中某一个环节。这样可以避免一些弊端，即过分关注细节、只见树木不见森林，可以使企业能够分析出产品和服务在各个环节的优势和劣势，从而更好地改进以达到客户满意。用户旅程地图分析是完全从用户的角度出发的，分析采用图表、故事版的方式，可以直观地告诉各方"用户每一个阶段的痛点，以及用户在这个阶段想要什么"（方浩等，2017）。

王玉梅等在《基于用户体验旅程的旅游明信片服务设计》一文中介绍了用户旅程地图一般包括以下几个步骤：首先要了解用户，收集和评估所有已有的关于用户的知识，可以采用文献收集、在线问卷、线下访谈等方法实现，找到属于自己企业产品的用户；其次找出知识差距，明确哪些是还不知道或者不确定的事情（主要是关于用户），为下一步创建客户角色模型提供基础；再次就是创建用户角色模型，一个用户角色模型，应当完整地描述出用户使用产品的目标和行为；最后是绘制用户旅程地图，应当描述出操作流程，用户在每一个流程上的需求和感受。在一个产品中，可能会有多个用户旅程地图，一个客户角色对应一个用户旅程地图，每一个地图要更加完整地去呈现内容，不宜将重点放置在地图本身的设计上。

总而言之，用户旅程地图是了解用户对产品看法的重要工具，可以在产品或服务之内可视化地呈现用户使用行为流程，他们的需求、想法、期望及对这个特别目标所有的体验行为通通展现在企业面前，从而使企业根据用户需要去改进自己的产品和服务设计，进而达到满意的用户体验。

二、用户旅程地图应用

用户旅程地图用于帮助理解用户背景便于寻找设计机会点以及进行设计实施前的梳理规划工作，可以对市场分析的结果进行归类分析，找出本产品不同于其他竞争品的切入点，从而引导相关设计人员去关注用户感受、问题和需求。当一项产品完成时可以对用户的体验进行测试，然后对改进前后的体验进行对比（陈国强等，2017）。

用户旅程地图的应用范围还是很广的，适用于各行各业的企业，只要有客户就可以用该方法去改进服务设计，对产品全局有清晰的了解，可以准确判断设计缺失的位置、情形及原因，检验产品交互逻辑的合理性以及交互方式的统一性。用户旅程地图既可用来检验核心流程，也可用来检验辅助功能设计，以便更好地去优化用户体验，从而吸引更多的用户（何玉莲和章宏泽，2017）。

就像大型商场中的指引图、超市货架的摆放位置，这就是用户旅程地图中最简单的一种，在大型商场中第几层卖衣服、第几层是儿童娱乐场所、第几层卖化妆品等，还有每一层店铺的毗邻和位置，这些都是为了提高用户体验，为了让用户以后常来的一种用户旅程地图的手段。就像在超市中，为了方便购物的人，每个区域之间的货架摆放都是有目的的，都是商家经过分析数据库中每个顾客的购买习惯和市场调查后最终确定的货架的摆放。例如，有的超市的婴儿纸尿裤和啤酒的货架摆放得很近，这就是经过调查分析之后发现来买婴儿纸尿裤的大多数是男士，这样摆放可以方便他们买啤酒也可以起到推销的作用。这样的商场和超市相比那些随意摆放的商场超市来说，顾客的体验肯定是最优的，可以吸引来更多的顾客。这是最常见的一种用户旅程地图的应用（Marquez et al.，2015）。

其实不管什么企业在运用该方法时都离不开这三个基础的步骤：首先要去洞察用户，其次将用户聚类，最后确定用户角色。这三步其实就是在逐步地筛选用户，找到属于公司产品的客户人群，首先需要先找到一个小的范围，作为目标用户，当目标用户明确之后，再去分析服务接触点，确定了用户的需求，可以去对公司产品进行产品定位，然后在服务设计中将用户角色、用户行为、用户情绪、痛点分析、机会点分析结合在一起，让设计师、开发人员和企业更加直观且客观地了解用户（格里姆斯和李怡淙，2017）。在该公司的产品服务设计中，运用用户体验旅程法对公司产品忠实用户的行为体验进行分析梳理，明确了目标用户、洞察了用户需求以及锁定了产品定位，为某项产品的服务设计和产品创新提供了新的思维方式，具有良好的实践指导意义，从而去优化用户体验，使得该产品在顾客使用后和在使用前与顾客的预期大致相符，从而去提高用户满意度，为公司带来更多的效益（Rosenbaum et al.，2016）。

用户旅程地图便于挖掘用户在定制设计中的潜在需求，能够作为一种新的产品设计以及用户体验设计工具，从全局视角来审视产品，找到设计的突破口，从而设计出更符合顾客的产品。

三、用户旅程地图在共享服务中的应用

共享经济在中国飞速增长，像共享单车（小黄车 ofo、摩拜 Mobike 等）、滴滴出行（共享汽车）、途家（共享住宿）等这些与生活密切相关。越来越多的共享服务腾空出现，这样一来在共享服务的平台上的竞争也会越来越大，共享经济是推动创新性服务的创造，也就是说服务设计在共享经济中会自然而然地发挥作用，当然也会面临更多新的挑战。就拿小黄车 ofo 来说，第一次使用时要经过交押金、注册、充值等一系列手续才可以使用，而在使用期间，每一次用车时都要先找到车，然后再扫码开锁进行骑行；在使用之前，用户不清楚所在地附近是否真的有车，找到车后所选车的车辆状况是否合乎自己的心意等，存在大量的不确定因素会影响每一次的用户体验。即使是同一名用户，他在不同时间段使用同一产品的服务时，也会产生体验上的差异；不同的用户在不同的时间段使用同一产品时也会产生不同的体验（刘洋等，2017）。还有一些不确定的外在因素也会对体验造成或大或小的影响，而这些影响在设计软件时都应该考虑进去。

用户旅程地图可以以共享单车中的核心用户群体作为特定用户，创建一个使用场景，描述他们的行为、态度、情绪，从而帮助解决用户痛点，优化情绪感受作出系统的改进方向，一切设计必须从用户的角度出发，只有为用

户设计出满意信赖的服务，才有可能实现服务价值的最大化。在共享领域目前存在的问题并不是产品设计的问题，而是服务系统也就是 App 改良的问题，用户旅程地图把 App 分为使用前、使用时和使用后三个阶段，在每一个阶段都找到它的问题，然后针对问题给出相对应的改进建议，主要是从实用性、有效性、可靠性、隐私安全性、帮助及时性、服务友好性和用户同理心几个方面去分析（徐娟芳，2016）。

目前为止，还没有一家共享企业的服务系统可以说近乎完美，可以给用户完美的体验，而其中的关键因素就是要"接地气，让服务抵达地面"，自己站在客户的角度上去思考，找到客户不满意的待改进的节点从而进行服务改进。哪里需要改进，用户需要的是什么，体验到用户的感受，了解到用户内心深处真正需要的体验才能把服务做到最佳，达到用户满意（赵天翔，2017）。

第二节　调研对象的描述性统计分析

通过调研问卷的样本采集发现本次调研的共享汽车使用用户几乎全部是男士，年龄普遍分布在 18 ~ 30 岁，收入集中在 5000 ~ 10000 元的公司员工，普遍都是拥有 1 ~ 5 年驾龄的人，具体如图 8 – 1 至图 8 – 7 所示。

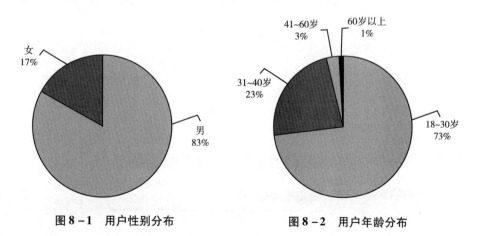

图 8 – 1　用户性别分布　　　　　图 8 – 2　用户年龄分布

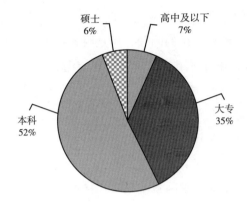

图 8-3　用户学历分布

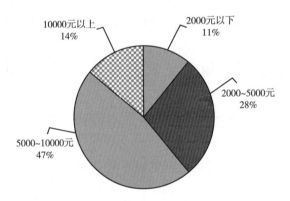

图 8-4　用户月收入

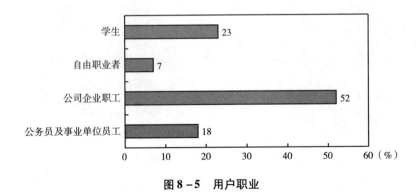

图 8-5　用户职业

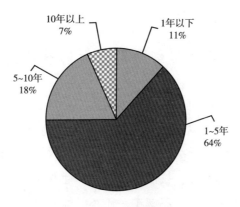

图 8－6　用户驾龄

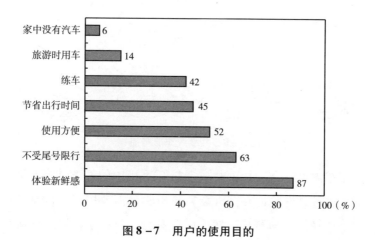

图 8－7　用户的使用目的

　　在调研中发现公司企业职工是共享汽车的主要用户，其次是学生和公务员及企、事业单位的员工，用户的用车目的首先一点就是为了体验新鲜感，体验一下共享汽车这个新兴事物，然后就是因为共享汽车不受尾号限行，使用方便相对可以节省一些出行时间，对于那些刚拿下驾照不久的人，用户选择使用共享汽车去进行练车，还有就是在异地旅游时使用。在用户中有一些女性使用者，她们很在意车内的环境，车内环境的好坏对于她们来说是评价该项服务好坏的关键因素，这一因素甚至决定他们是否愿意把这项服务推荐给别人。

第三节　共享汽车出行的服务流程

共享汽车是在"互联网＋"模式下的汽车共享运营新模式，强调的是用户自我服务、随时用车，从而达到车辆共享这种新模式，用户租车、用车、还车全过程可以实现用户完全自助服务。以共享汽车服务经济下的"摩范出行"产品服务设计体验为例，该服务流程为：手机验证—实名认证—审核通过—押金充值—选择车辆—扫码解锁—还车结账—客户服务，这就是共享汽车用户在决定开始用车到用车完毕经历的全过程（见图8-8）。

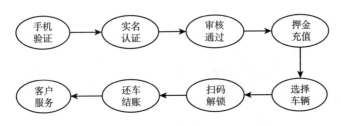

图8-8　共享汽车服务流程

在产生用车需求时会选择下载或者打开手机中的一款共享汽车App，要是新用户需要进行身份验证并交押金，身份验证需要用户上传身份证和驾驶证还有用户手持身份证的照片，然后后台进行审核，审核通过后用户需要上交押金，每个平台的押金金额是不一样的，几百上千不等。以"摩范出行"为例，它的押金是550元，如果芝麻信用积分达到700分以上可以免押出行，当用户上交完押金就可以开始使用该App了。点击"我要用车"，App上就会根据你的位置，推荐最佳的附近取车网点，如果害怕自己看重的车辆中途被别人开走，可以提前预约，在预约的规定时间之内到达取车地点系统不收额外费用，超过时间将收取时间费用。选定指定地点后，根据系统导航到达指定地点，找到目标车辆，观察车辆外观，如果满意则进行"扫码开锁"，然后进行使用。在使用期间的收费标准是按照"驾乘无忧保障费＋时间＋里程（还是以摩范出行为例，0.17 元/分钟 + 1 元/公里 + 5 元驾乘无忧）"收费模式，还有日租、夜租，系统会自动为用户计费。用车完毕后，在 App 上寻找还车区域，要停到该 App 指定的还车区域位置，然后进行锁车结账。如果用户不再继续使用该 App，可以申请退还押金，一般 3 ~ 5 个工作日押金就可以退回到用户账户中。如果在使用期间遇到问题，可以给客服打电话进行询问。

第四节　用户旅程中服务流程满意度分析

为了找到共享汽车用户的关键节点和其满意度，对资深用户先进行用户访谈，找到用户的行为和接触点，然后对用户进行问卷调研（见表 8 - 1），找到用户的问题点并进行分析。

表 8 - 1　　　　　　　　　　共享汽车用户满意度节点

阶段	行为	接触点	问题点	感受				
	产生用车需求 ↓			不满意→非常满意				
				1	2	3	4	5
服务前	选择服务供应商 1. App 下载 2. 选择服务商 3. 读用户须知 4. 上传证件、交押金等待审核	1. 手机软件/微信小程序 2. App 用户须知界面 3. App 用户注册界面	1. 押金多			3		
			2. 审核等待时间长				4	
			3. 用户须知模糊			3		
			4. 通过率低	1				
服务中	选择汽车 1. GPS 定位搜寻附近网点和车辆数 2. 查看遗留停车费 3. 选定、预约车 4. 前往目标车辆所在区域 5. 延时到达收费	1. App 推送信息 2. 车辆列表页面 3. 预约页面 4. 车辆状况 5. 停放服务点	1. 租赁点少，不好找			3		
			2. 预约时看不到车身状况				4	
			3. GPS 定位不准确（看得到车但是 App 中定位显示没有）			3		

续表

阶段	行为	接触点	问题点	感受				
				不满意→非常满意				
	产生用车需求 ↓			1	2	3	4	5
服务中	扫码解锁 1. 到达车辆所在位置 2. 观察车况 3. 打开 App，扫码开锁（或人脸识别开锁） 4. 开锁成功，开始使用	1. 车身状况 2. 智能车锁 3. 车门二维码 4. App 开锁页面 5. 停车场及停放位置	1. 车辆停放位置不好找			3		
			2. 车身受损严重				4	
			3. 扫码开锁不灵敏				4	
	开始使用 1. 检查车内环境 2. 熟悉使用车内各项性能（启动、灯光、空调、挡位） 3. 开始驾驶	1. 车内环境 2. 车辆性能	1. 车内环境差，有异味			3		
			2. 对车内部分功能不会使用				4	
			3. 车的部分性能受损，不能正常使用（空调、雨刷器、灯光）			3		
			4. 驾驶体验差				4	
	还车结账 1. 寻找还车区域网点 2. 停车 3. 车身、车内状况拍照上传 4. 扫码上锁 5. 结账扣款	1. App 还车网点查询界面 2. App 锁车界面 3. App 优惠卡券和钱包界面 4. 停车场及停放区域位置 5. 还车点路面标识	1. 可还车区域太少			3		
			2. 还车区域没有明显标识				4	
			3. 还车区域可停放还车数量有上限			3		
			4. 优惠活动少				4	
服务后	结束反馈 1. 了解消费情况 2. 违章、车身磨损反馈 3. 打分并上传反馈意见 ↓ 4. 退还押金	1. App 计费页面 2. App 退押金界面 3. App 订单信息页面 4. App 评价提交界面 5. App 客服界面	1. 退押金手续复杂，等待时间长			3		
			2. 客服解决问题的速度				4	

目前共享汽车的服务平台主要存在的问题，在很大程度上在于对用户的使用过程的行为存在引导不足，还有就是公司监管维护措施不到位。

在服务前，注册使用时，用户反映的一大问题就是押金多的问题。因为之前发生过共享服务平台退押金难的事情，而共享汽车相比于其他共享产品的押金数额还是比较大的，可能有的用户想体验一下新鲜感所以选择尝试一下，但是由于押金没有保障，产生芥蒂，所以最终没有选择使用。同时，调研时发现使用用户中有部分是学生，对于没有收入的他们来说，这个押金数额还是有点多的。还有就是审核的等待时间有点长，有的用户就是为了体验新鲜感，起初可能并没有打算长期使用，只是想尝试一下新鲜事物，当用户想体验时，但是由于审核不能快速通过，用户可能就放弃了这个想法，下次再使用的时候就不知道是什么时候了，这也导致一部分用户流失。

在选择目标汽车时，用户反映的问题主要是租赁网点太少，在大型商场商业区附近没有，网点不够密集，到达指定网点区域不够方便快捷。还有就是在预约时看不到车身状况，不知道是否能正常使用，从而有用户因为这个原因，不敢去进行预约，或者到达网点之后发现目标车已被其他用户开走，只能重新进行选车。另外，GPS 定位不准确，用户在实地已经看见了车，但是 App 中显示没有，从而造成不能够正常使用的情况。

在扫码解锁时，用户反映的问题是目标车辆的停放位置不好找，App 中只是给了停车区域，而停车区域一般都是在停车场中，具体的车辆位置还需要用户自己去找，在找的过程中需要耗费一定的时间。还有就是车身受损严重，如大灯、保险杠、车身划痕等，用户会觉得在驾驶车辆的过程中安全系数会降低，存在安全隐患。

在用户驾驶期间，反映的问题就是车内环境太差，如尘土、车中的垃圾、座椅上的油渍等，从而导致车中的异味很重，给用户带来很差的体验感。还有就是用户对车内的配套功能不会使用，一开始对车内的各项性能的操作和使用不熟悉。同时，有用户在驾驶中发现部分车的性能，如雨刷器、车灯、空调等受到损坏，从而不能正常使用，影响驾驶体验。另外，因为共享汽车大多数是电动汽车，有用户反映没有燃油车开着舒服，动力不够用，使用中会受电池电量的约束，这个问题是商家暂时没有办法克服的，只能等待国家的新能源车辆越做越好。

在还车结账时用户反映可还车区域太少，没有明显的标识，网点可停车数量有上限，如果还车数量达到上限了，即使有空位也不能还车，必须要另寻其他网点。还有就是优惠活动少，优惠力度小，用户有时觉得使用共享汽车出行不如打车省钱。

最后是企业自身的服务。客服对问题的解决和处理慢，其中有一个就是押金退还速度慢，手续烦琐，还有就是当用户出现用车问题时，比如，扫码打不开车门、结账结不了、多扣费等这些问题的反馈和解决速度需要提高。

第五节 用户旅程地图的关键节点分析

1. 失败点直接决定整个商业行为的失败与否，对于消费者而言，是服务商软硬件的设计与 GPS 定位是否精准，从而影响找到车辆的难易程度、车身及车内的环境和驾驶体验；对于服务提供商来说，是处理问题的效率和维护监管措施的力度；对于政府部门来说，是基于城市基础设施的规划对企业提供的相关支持。共享汽车失败点如表 8-2 所示，具体方面的失败点分析如图 8-9 至图 8-11 所示。

表 8-2   共享汽车失败点

关键点	消费者	服务提供	资源提供
	押金多	审核时间长	租赁网点少
	GPS 定位不准确	优惠活动少	还车区域没有明显标识
	车身破损严重	GPS 定位不准确	充电桩少
失败点	扫码开锁不灵敏	退押金手续烦琐	
	车内环境差	客服处理问题慢	
	车辆性能受损		
	驾驶体验差		

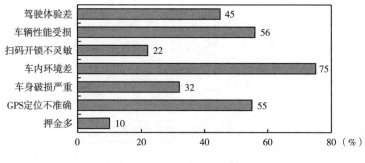

图 8 - 9　消费者失败点

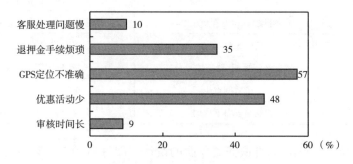

图 8 - 10　服务提供失败点

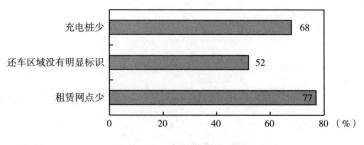

图 8 - 11　资源提供失败点

2. 等待点是影响用户体验的一项重要环节,在共享汽车服务中,等待点主要是信息传输与后台响应速度、GPS 定位和后台响应速度、客服响应/退押金速度有关。

3. 决策点是决定企业和用户行为走向的关键节点，政府部门的政策扶持、企业的相关运营策略、用户的行为抉择都会影响服务的体验，对于共享汽车来说决策点就是使用 App 扫码开锁使用是否顺利、租赁网点的便利性、车辆资源分布是否均匀、车辆性能以及用户在驾驶时的驾驶体验等（见表 8 - 3）。

表 8 - 3　　　　　　　　　　共享汽车等待点与决策点

关键点	原因	措施
等待点	信息传输与后台响应速度	提升响应速度
	GPS 定位和后台响应速度	提高定位精准度
	客服响应/退押金速度	提升客服效率/改进支付体验
决策点	扫码开锁反应慢	改进解锁方式
	车辆性能/驾驶体验	对车辆定期维修保养
	租赁网点少	配套基础设施建设
	资源分布不均匀	公私合作，提升竞争力

4. 体验点是 App 软件服务商界面的设计、硬件造型的设计，还有使用环境、服务的便利性以及客服的态度等，这些都是可以使用户获得满足的关键点，如果体验点得到优化，那么可以增强用户的忠诚度，从而可以去创造更多的潜在用户（见表 8 - 4）。

表 8 - 4　　　　　　　　　　共享汽车体验点

关键点	体验目标	措施
体验点	App 注册及操作简单快捷	提升 App 视觉和操作体验
	无须押金/处理问题快捷	提升问题反馈效率
	GPS 定位精准/快速寻找	提升系统响应
	可选择租赁网点多/还车方便、充电桩密集	公私合作/合理配置资源
	车内干净、性能好、驾驶体验舒适	工作人员服务到位
	锁车结算更方便快捷	改善支付体验

第六节　基于用户旅程地图的共享汽车服务改进建议

找到共享汽车用户的问题节点之后，共享汽车服务平台可以从以下四个方面优化自身服务，提高服务质量。

第一，对于企业自身的服务人员方面，要明确共享汽车用户在使用中的权责，维护用户的合法权益和利益，完善会员条款，及时修复后台信息漏洞，保护用户个人信息不外漏。在用户出现问题诉求时，及时反馈并给予解决。企业的汽车维护人员要定期为投放的汽车进行维修保养，出现故障及时修理，对租赁点的程序按时检测，发现问题及时处理维修，以保证用户的正常使用。还有就是车内外的环境，工作人员按时为每一辆车清理，争取让每一位用户在使用期间，车内车外都是干干净净的，这样用户也会去爱惜企业的每一辆车，企业给用户提供一个舒适干净的驾驶环境，给每一位用户一种"私家车"的感觉。

第二，对于企业自身的服务流程方面，首先用户反映的问题就是押金多、审核慢。至于押金多的问题现在有的服务提供商已经和支付宝的芝麻信用积分连通，当积分达到一定要求可以免押金租车，但是有的不行，需要交几千元的押金，这让消费者对于企业有一些不信任，而不去选择使用共享汽车服务。企业可以选择和支付宝的芝麻信用连通从而降低押金的数额，不一定要全免，当积分达到一定高度时对应押金的金额，还有就是当消费者提出退押金的请求时，要及时退还，以免引起消费者的恐慌。至于审核慢的问题需要服务提供商自行改进。在注册审核方面，服务提供商需要提高效率，因为有许多用户都是突发奇想，临时想使用，不要因为注册审核手续烦琐而导致用户放弃体验，流失一部分潜在用户，同时可以给新用户一些福利，进而去吸引他们继续使用。

关于共享汽车的收费制度问题，有消费者反映共享汽车的费用还是比较高的，收费是时间费＋里程费＋服务费，每次的消费金额和打出租车的金额差不多，甚至超过出租车，所以一些用户不选择使用共享汽车，那么服务提供商可以改变一下收费制度，降低一下金额。企业可以在原有的收费制度上提供一些优惠活动，不定时赠送用户优惠券；在节假日、限行日等时间推出一些促销活动，如充值满赠、红包区取车限时免费、特定车型限时免费；每个月消费到一定金额后打折；通过包月包时等活动，吸引消费者，在用户结账时，系统为用户找到并选择最优结账扣款方式，从而使消费者觉得共享汽车在便利性和实惠性上都超过出租车，让大家接受并且愿意去使用共享汽车。

在调研的过程中发现，有相当一部分消费者刚刚拿下驾照，但却因为家里没有车用作练习，所以选择使用共享汽车去进行练习，所以在今后的发展中，共享汽车服务提供商亦可与驾校达成合作，为客户群提供驾驶指导服务，为那些刚拿下驾照的学员提供练习车。同时也可以将驾校车辆纳入共享系统，并融入虚拟驾校的概念，可以让用户拿到驾照就有车开，这也为共享汽车起到了宣传的作用。

第三，相对于企业自身，国家政策和政府部门的支持配合也是至关重要的。停车位、充电桩与牌照资源是共享汽车服务的核心资源，而政府在这些关键资源的分配中起到了重要作用。

用户反映的最主要的问题就是租赁网点少，还车取车难，在大商场旅游景点附近没有网点。据现场调查情况来看，目前的共享汽车服务企业，如摩范，使用的停车场多数是位于立交桥下的公共停车场，还有就是小区周边，这些停车地点十分有限，而且一些环境脏乱、无明显指示标志，地点偏僻，用户在还车取车时很难找到相应的地点，给用户体验带来不利影响。企业可以在政府的允许下在指定区域建设明显的标志，让用户对还车地点一目了然。同时，一些现场调查的用户表示不选择共享汽车进行游玩的原因是，景区不是还车区域，使用共享汽车去游玩不能还车，价格不菲。还有就是汽车电量不足，续航里程不够，景区附近充电桩的布点密度不够，所以不得不放弃选择使用共享汽车这一出行方式。企业可以在各大景区附近增设取还车区域，加设充电桩，为用户打消这些顾虑，给消费者提供新的游玩出行选择。

　　同时，共享汽车服务提供商应该时刻关注国家的新能源汽车补贴政策动向，了解相关的补贴政策，整合各方资源。作为市场参与者，政府在共享汽车市场中发挥的作用不容忽视，共享业务的发展离不开多方合作和资源整合，这些关键资源将成为共享汽车服务企业的核心竞争力。所以针对共享汽车的停车位、充电桩、牌照稀缺等问题，政府应出台相关法律法规，适当给予企业一些资源特权和支持，适当开放公共资源共享。

　　此外，现在的共享汽车还是以在特定区域里取车还车的形式为主，取车若不在指定范围内，将无车可用，还车若未还到指定区域，将会扣取额外的费用。目前在北京，有相当一部分共享汽车只能在五环内的部分区域取车还车，在五环外是没有取车还车点的，这在一定程度上限制了共享汽车的灵活性，不便于用户使用。而目前在中国要做到"自由流动式"的模式，难度还是比较大的，因为共享汽车不像共享单车那样体积小、价格低廉，企业可以随意投放车辆供用户使用，用户使用完毕后随意停放也不会特别占用城市资源；而共享汽车需要占用一部分城市资源，而且成本高，企业没有足够的车辆供用户使用，所以只能集中投放在人群密集区域，要想实现"自由流动式"就必须有充足的停车位，这就使得企业的资源成本上升。而国家的相关政策并没有跟进，现在做到城市停车位共享还具有一定难度。共享汽车依然需要额外划分固定的停车位，所以从某种程度上讲，政府政策是共享汽车发展的根本保证。

　　在进行问卷调研时发现大部分使用共享汽车的用户会使用共享单车到达取车点，还车后使用共享单车或公共交通工具返回家中。不过倒是可以通过这一点来将共享汽车进行推广，共享汽车企业可以和网约车、共享自行车进行地图资源共享，共享彼此的产品后台数据。这样在使用共享单车时还可以选择查看附近共享汽车的位置信息，企业不仅为消费者提供共享服务，企业与企业之间也形成了共享服务机制。未来的共享汽车服务 App 不仅能够提供自身服务的价格，还可以提供联合共享单车的整体出行移动方案和总花销。所以，如果实现后台数据共享，不仅方便了消费者，同时还能帮助服务提供商节省宣传推广成本。

第四，企业服务内容的创新方面，共享汽车服务无疑就是给用户提供一个舒适安全的用车环境。但是要做到舒适安全真的不容易，企业可以在车内为用户提供 ETC 高速公路快速通行证、车内 Wi-Fi、儿童安全座椅、USB 充电口及手机充电线等这些附加服务，为用户的出行使用提供全面、舒适的服务。虽然共享汽车的使用用户对于该项服务有着不同的问题和使用感受，但是调研中发现用户还是会把这项服务推荐给身边有需要的朋友，所以共享汽车这个平台在当下这个共享经济流行的时代还是具有很大发展潜力的，共享汽车的蓬勃发展指日可待。

第九章　共享汽车的服务口碑及其痛点挖掘

　　根据前文的研究，在我国的大中城市，尤其是北京、上海、广州等一线城市，人们对汽车的需求与日俱增，这就造成了车辆购置、保养费用的上升，加之停车位饱和、限行政策等问题，使得大众对共享汽车具有强烈的潜在需求。随着市场的发展与扩张，共享汽车逐渐呈现出从一线、二线城市向三线城市加速扩展的趋势，尽管每个区域的具体经营状况不尽相同，但其发展的特征却是一致的：用户以年轻人、中低收入群体为主，或暂时急需车辆的人群；"租车、还车网点不够，停车难找"是大部分用户的反馈；从反馈来看，学校周边区域的需求最多，住宅区次之；当地政府对这种节能环保的新能源出行方式持鼓励态度（杨军等，2019）。

　　共享汽车运营网点较少，充电站、停车位等配套设施不足等问题在具体的市场运营中都暴露出了制约分时租赁共享汽车行业发展的问题和因素。很多运营网点的充电桩数量无法满足实际使用需求，需要通过人工调度的方式将已经归还的车辆送到有充电桩的网点区域进行充电才能保证共享汽车正常工作，配套设施的建设存在缺陷，亟待完善。但是充电桩的建设费用非常昂贵，建成后投入使用也同样需要大量的资金运营维护，因此在很大程度上还需要依靠政府的补贴和财政投入。由于政府的财政预算具有一定的滞后性，导致基础设施建设在短时间内难以满足不断增加的市场需求（田若琳，2017）。

　　共享汽车企业为客户提供的出行服务存在滞后性和局限性，这同样也是限制行业发展的难题之一。共享汽车一般都是电动汽车，车辆的操作和驾驶本身就是一项技术性工作，不当的操作和车辆本身的故障都可能导致用户行车过程中出现问题。在这种情况下，用户既不能终止订单及时还车，也没有很好的条件排除故障，只能联系客服，而客服通常难以及时地帮助用户有效解决问题，需要呼叫运营维护人员去帮助客户。当车辆在行驶过程中出现故障时，公司需要委托车辆救援为用户提供现场维修服务，能够立即提供的服务项目非常有限。这就造成了为用户提供的出行服务有一定的滞后和限制，出现的一些突发事件不能得到及时有效的处理，给使用者造成了极大的不便。这与共享汽车为用户带来便利的设计初衷并不相符（冯亮，2019）。

共享汽车的违章扣分、剐蹭纠纷、充电续航等后期运营维护问题也同样制约着共享汽车行业的发展。我国的交通法规定违章扣分和罚款归属于车辆，累积扣到一定的分数，车辆无法上路，这样的规定完全限制了共享汽车的营运，累积到一定的违章数量，则必须要停运，而这都不在企业的可控范围内。同时，汽车作为一个结构复杂、操作需要掌握技术的交通工具，在使用的过程中难免出现磕碰剐蹭，而共享汽车的这种随取随用随还的特性也很难在发生剐蹭事故或其他违章扣分时第一时间判定到责任人。违章责任归属的认定时间慢，追溯不清责任归属，造成双方都不愿去承担责任。除此之外，共享汽车需要及时充电续航，才能保证后续用户对车辆的正常使用。目前市面上的共享汽车车型基本都是新能源电动汽车，电动车在使用快充模式的情况下充满电需要 1~2 小时，而使用慢充模式则需要 5~7 小时。在充电续航的时间里，车辆只能被闲置，使用率大打折扣，因此，充电续航也是制约共享汽车发展的又一主要难题（孙昱平，2020）。

因疫情和资金不足等打击，共享汽车服务行业近几年更是陷入低谷期。本章的研究目标是为了更好地挖掘和改进分时租赁共享汽车用户体验，通过对网络论坛中用户发帖的分析，对共享汽车的用户反馈的服务口碑及其暴露的问题进行了阐释。本书使用到的研究方法包括基于网络发帖资料的内容分析，以及对内容分析后获得的相关数据的定量统计分析。针对当前我国共享汽车服务行业面临的困难和机遇，本书提出了相应的合理化建议。

第一节　服务体验、痛点与口碑传播

服务体验是顾客与服务质量建立关系的桥梁。用户对于服务质量的感知来自服务体验。每次服务接触都会对顾客满意度和再次购买决策产生影响。每个不满意接触点，被称为痛点。服务质量的提升具体地落实在痛点的改善上。张立章（2019）认为服务项目中任何的愉快或不愉快的接触形成了顾客对服务的整体评价。并且，不是所有的接触点都一样重要，一些特定的接触点是实现顾客满意的关键。

识别具体在哪些运营环节存在问题，即识别痛点。服务痛点是服务质量研究的一个重要维度。具体而言，痛点识别应该充分了解服务流程中的有效接触点，以及其中的用户反馈、感受、重要性判断，及其期望服务水平。用户旅程地图是指以图形化方式直观地再现客户与企业品牌、产品或服务产生关系的全过程，以及过程中客户的需求、体验和感受。由于这个过程包含了很多个客户与企业的接触点和真实的情境，因此用户旅程地图也被称为"触点地图"。

服务痛点是服务质量研究的一个重要维度，而服务质量是决定顾客满意度的关键要素之一。康和詹姆士（Kang & James，2004）认为当用户感知服务质量大于期望质量时，顾客满意度提升，反之则不满意。用户的满意度高，可以重复、频繁地使用服务，顾客的满意度低则很容易转而消费其他竞争者或替代品。顾客满意还进一步体现在传播正面的口碑，积极地维护品牌形象，积极地影响其他用户的购买决策（Rowley，2005），从而进一步增加企业的市场份额和盈利能力。反之，服务痛点，即不愉快的服务体验，则会导致负面的消费态度，可能是不满意也可能是不信任，并直接导致服务失败（Hays & Hill，2001）。负面情感态度也会引发负面的口碑传播，进而阻碍其他的、更大规模的消费者群体的再次消费行为。

第二节 服务痛点的相关研究基础

一、服务痛点的产生和发展

经济的迸发和营销的深入研究，以及随之而来消费市场的扩大和人们对营销的了解，越来越多的名词被提出，如服务质量、服务痛点等，服务痛点最开始应用于医学上，用来形容患者某个不舒服的部位或者情绪低落的某个点。互联网的发展破除了信息壁垒，学者以及职场人对信息获取渠道更加宽广，网速加快了网民的冲浪速度，越来越多的词语被赋予了衍生词意。随着市场经济的飞速发展，社会各界越来越重视营销的发展和运用，"痛点"被运用到营销当中，特指消费者对于企业提供的服务或者产品不满意的地方，企业用此来有针对性地进行服务优化以及产品上市。"痛点"这一词被提出后，学者马临湘和霍晓云等对其进行研究和定义。

二、服务痛点的定义

营销观念、营销理论快速发展，2014 年马临湘在《痛点营销》中对痛点的范围作出概述，马临湘认为痛点有三类：第一类是内化的，人们心理上所体会到的难受，或者是欲望没能得到满足的难受，这种难受通常受外界刺激影响，例如内在的恐高、八卦欲等；第二类是外化的，是体验某种产品之后念念不忘需要重复购买，否则心理有落差；第三类则为精神上的，在购买过程中稍微有些不快，但是最终获得产品时的愉悦感足以掩盖这些不快，例如排队购买苹果产品。2015 年，霍晓云在"痛点需求—可再生资源"中同样对痛点作出了自己的理解，她认为痛点产生新需求，并提出痛点是企业创新的动力，痛点是用户在使用企业提供的产品或服务时产生的抱怨和不满，是产品所提供的服务不能满足用户的预期或待实现的愿望。霍晓云认为，用户的痛点是企业的可再生资源。2018 年，张世新等人在《消费行为视角下的消费者"痛点"研究》一文中，对痛点作出简述，张世新结合霍晓云、马临湘、卢蒙对痛点的定义后，对痛点的定义作出创新。张世新将"痛点"定义为企业提供的产品或服务还不能满足消费者的需求，从而导致消费者产生不满，进而不进行消费行为的点。消费者在结束消费行为后，会对产品属性有期望上的前后落差，这种落差会使消费者感受到不舒服，产生"痛点"进而影响消费者行为。而这种产品所带来的消费者心理落差会促进消费者不产生消费行为（陈卫东等，2017；陈惠敏，2016；王玉梅等，2016）。通过对以上文献的研读和理解，对"痛点"的定义为消费者对企业提供的产品或者服务本身所提供的需求程度不够满意，从而产生心理落差，这个落差点就是痛点。

三、研究服务痛点的意义

服务痛点在学者对其进行定义之后，作为研究问题，那么研究意义是什么？在霍晓云的报告中，对于服务痛点的研究可以使企业获得源源不断的产品创新，她认为，痛点思维对于企业来说是不可或缺的思维，这也是企业需要发掘痛点的原因。用户有了痛点，市场就有了新的需求，企业就可以一轮又一轮地创新，生产新的产品；有了痛点，市场才会活跃，这也是研究痛点的意义所在。产品所提供的需求与消费者之间的落差越大，消费者痛点越强，有效地进行痛点研究和痛点分析，就能对这部分落差起到消除作用，从而可以使企业的商业路径打开，这就是研究痛点的重要意义所在（陈卫东等，2017；陈惠敏，2016；王玉梅等，2016）。

通过共享单车的历史经验和产生的服务痛点服务需求，了解到企业的产品和用户的满意度挂钩，产品越好，用户满意度越高，从而产品使用率越高，因此产品设计在服务路径中有一定的重要性。胡飞在服务设计相关研究中指出，产品设计和服务设计的侧重点有所不同，产品设计中企业是价值主导者，根据企业方的需求进行设计，用户使用后提出需求和意见，企业方进行改进，在这个设计过程中用户参与更多的是前期的设计阶段，对功能提出改进建议。在服务设计上，用户是这项功能的使用者，是主导者参与全过程。用户提出需求，企业配合完善，这个过程当中用户的决定权、话语权更大，用户便成为价值主导者（刘征驰等，2021）。

第三节 共享汽车服务痛点挖掘

一、数据来源

本书中使用了内容分析法，所涉及的全部调查资料均来自百度贴吧。百度贴吧是百度旗下的以关键词为基础的主题交流社区。百度贴吧作为一个结合搜索引擎建立的在线交流平台，旨在让有相同主题的人可以轻松地进行沟通，并提供帮助。针对关键词进行搜索，能够准确地把握用户需求，精准提炼用户兴趣。用户在注册登录百度贴吧账号之后可以开帖发表自己的观点或是描述自己的困惑及问题。在贴吧里，用户们可以随意地浏览自己感兴趣的帖子，也可以在某个帖子下面跟帖留言发表自己的看法，对自己感兴趣的某条内容进行评论或者回复他人的评论。

百度贴吧作为全球领先的主题中文社区，根据官方的统计，截至 2020年，百度贴吧的注册用户已经达 15 亿，每天的访问量达 35 亿，其中"90 后"的用户占了 70%，因此百度贴吧中的主题帖和讨论内容十分具有典型性和代表性。本书首先需要对百度贴吧中的网页进行爬虫自动抓取，因此必须人工定义最初的 URL，然后根据使用者输入的关键字进行相应的 URL 抽取，按照关键词对百度贴吧中抓取到的信息进行过滤，爬取与共享汽车相关的话题，关键词包括"共享汽车""摩范出行""长安出行""EVCARD""GoFun""TOGO""盼达出行""一度用车"等。由于涉及的主题非常广泛，还要进行再次过滤。最终获得的数据内容包括帖子主题、帖子内容、跟帖内容、用户 ID、发帖时间。

本次爬取到的数据共有 125452 条帖子内容，将每个帖子中的内容爬取，并对发帖类型和发帖数量进行数据统计。这些帖子作为原始数据根据所属年度分开保存在 Excel 表格中，方便后续的数据标记。经过统计后发现，2018年共有 2799 条主题帖，2019 年共有 2525 条主题帖，2020 年共有 1288 条主题帖。针对此次调研的需要共挑选出 369 条数据，其中 326 条有效数据作为文本依据。根据筛选出的这三年的帖子数量进行等比分配，分别为 2018 年 137 条，2019 年 124 条，2020 年 65 条有效数据，如图 9-1 所示。

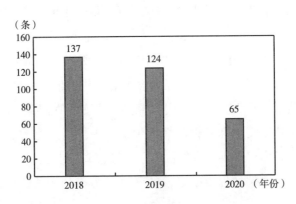

图 9-1 数据来源年份数量

二、数据处理

基于分时租赁共享汽车用户体验感受进行深入研究，选择对贴吧论坛帖子进行内容分析。为了有效保证数据的可靠性，选择对原始数据进行人工编码，对讨论帖内容进行手工编码相比智能识别能够更好地把握语义理解，智能识别很难准确把握相同词语表达不同情绪感受的真实含义，因此最终选择对数据进行手工编码。本次调研分为两个小组按照设计好的编码体系进行编码，编码完成后将两个小组的编码结果通过克隆巴赫系数公式进行信度检验，得到的系数为 94.3%，超过 85% 则表明数据可信，如表 9-1 所示。

$$\alpha = (n/n - 1)(1 - \sum S_i^2/S_t^2) \tag{9-1}$$

表 9-1 信度检验

可靠性统计		
克隆巴赫 Alpha	基于标准化项的克隆巴赫 Alpha	项数
94.3%	94.5%	2

在正式开始编码前，首先确定编码体系，将数据按照三个维度分别进行编码：维度一是衡量讨论帖的内容是否为用户提供了价值，维度二是按照用户讨论集中在用户旅程地图的哪个环节进行衡量，维度三是对影响使用的原因进行衡量。

1. 维度一。将帖子内容根据提供的价值进行编码，将维度一划分为四类，编码数字从 0~3（见表 9-2）。一是内容没有提供价值，编号为 0，讨论帖内容与分时租赁共享汽车无关；二是内容提供了情感价值，编号为 1，讨论帖和回复帖的内容表达了安慰和共情的情绪价值，提供了问题的佐证或是表达了支持的态度；三是内容提供了有效价值，编号为 2，讨论帖内容提供了解决问题相关的有效信息，例如提供了投诉的联系渠道或是相关建议；四是内容解决了问题，使其他用户产生了正向改变，编号为 3，讨论帖内容主要提供了正面的解释，扭转了品牌形象，传达给其他用户正面的使用意愿。维度一的编码标记首先是为了快速筛选出对调研没有意义的无效数据，然后将有效数据挑选出来以便进行下一步编码标记。

表 9-2 编码体系维度一分类

标记数字	说明	举例
0	没有提供价值	• 系列帖子内容是空的 • 帖子内容与分时租赁汽车或共享电单车无关，而是快送、卖车、顺风车、单车等（判断不出来的，就按正常算） • 发广告的帖子 • 卖卡卖券的帖子 • 找工作、入职的帖子
1	共情、安慰、支持	• 提供问题的佐证，例如"我也这样" • 劝解 • 回帖也都是类似的提问，对于主题帖的问题没有作出解答 • 起哄，一起骂 • 支持主题，但没有一丁点儿解决问题的信息

续表

标记数字	说明	举例
2	提供解决问题的有效信息	• 不能彻底解决问题，但提供了相关信息，提供了进一步了解问题的信息。例如，退押金的帖子里面告诉其他用户"公司已经没人了" • 提供投诉电话 • 提供用户群入口 • 对别人的问题有解答 • 给了一个办法，但不保准 • 主题帖本身就是一个方法建议/经验分享 • 提供正确的用车建议，例如先验车、先拍照
3	解决了问题，使其他用户有了改变	• 给出解释，使其他用户由"不用——用"，由"不满意——可以接受" • 给出正确的真相，扭转品牌形象 • 给出正面称赞，点出服务优点 • 帖子内容是正面口碑，推荐 • 推广该服务 • 企业自己推广自己的服务 • 企业为自己公司/服务/产品说话 • 为品牌/服务加油、打气

2. 维度二。在完成第一步对维度一的编码工作后，对有效数据基于用户旅程地图进行区分，根据用户使用环节出现的讨论内容进行数据编码，将用户使用环节划分为三个阶段，分别为服务前、服务中和服务后，三个阶段又细分为七个行为步骤，编号从 1～7。编号 1 为服务前产生用车需求的环节，在这个环节中用户产生了用车的需求或兴趣，发帖或跟帖对分时租赁的品牌和产品进行咨询，希望了解获取到有用的信息；编号 2 为服务前选择服务供应商环节，在这个环节中用户主要是选择合适的品牌，下载 App 并完成用户须知进行注册，上传证件、缴纳押金并等待审核；编号 3 为服务中的选择汽车环节，在完成选择服务供应商后可以去选择用户自己需要使用的车辆，用户可以在手机 App 上提前预约车辆，并根据 GPS 指示寻找到车辆，到达车辆位置后观察车辆外观，决定最终是否使用车辆；编号 4 为服务中的扫码解锁环节，用户在确定选择车辆后进行扫码解锁，讨论帖中的用户反馈主要集中

在蓝牙信号弱影响开锁等问题；编号 5 为服务中的开始使用环节，对于讨论帖中关于租赁汽车比较常见的车辆性能问题、车内操作问题以及新能源汽车的电池续航里程等问题，均属于服务中开始使用环节；编号 6 为服务中的还车结账环节，涉及这个环节中的讨论帖内容主要集中在停车、还车以及结账时暴露的问题，可还车区域少、指定还车区域具有车辆停放上限、还车时系统容易出现故障，优惠力度小都是用户主要讨论的问题和大部分用户的感受；编号 7 为服务后的结束反馈环节，用户针对这个环节的讨论主要集中在退还押金手续复杂时间长、客服跟进速度慢、违章责任归属以及分享自己用车后的体验等。

3. 维度三。根据讨论帖中的内容反映出的影响使用的原因分别进行编码，编号从 0 ~ 4。一是没有明确体现出想用或不用的意愿，编号为 0，主要包括违章求助、用车咨询、发广告找工作等讨论内容。二是有明确的意愿，编号为 1，表现为满意或者不满意的情绪，用户在服务体验过程中对分时租赁服务感到不满意或是抱怨认为不公平都属于不满意的服务体验。用户体验与期望值存在落差即产生不满意的情绪感受，如果高于期望值则用户达到满意体验。三是信任或感知风险，编号为 2，讨论内容主要集中在用户在分时租赁服务体验时感觉到不信任或是感觉到有风险，对服务供应商产生不信任和对使用产品中存在的风险表示担忧，风险主要包括安全风险、信任风险、时间风险，用户感知到风险越高或是不信任程度越高，使用意愿越低。四是使用目的、出行习惯的变化，编号为 3，主要表现分为两种情况：第一是用户体验达到预期或超过期望，产生了使用习惯的改变，愿意继续使用服务；第二是由于疫情、价格等原因，用户的出行方式发生了改变，减少了必要或不必要的出行，导致不再继续使用服务。五是正面使用意愿，编号为 4，这类讨论帖的内容主要是用户对分时租赁共享汽车服务持正面态度，主动表达出很强的使用意愿并且愿意传播正面口碑，推荐大家使用。

针对三个维度的标记都可以多项协同编码，存在讨论帖内容中关于一个维度包含不同的情绪感受表达，可以同时标记。或者在维度二中涉及了不同

的使用环节，也可以进行同时标记，关于维度三也同样会出现用户表达多种
意愿的情况，如表9－3所示。

表9－3　　　　　　　　　　　　　编码体系维度三分类

标记数字	说明	举例
0	没有明确体现想用或不用的意愿	• 违章求助帖 • 建用户群 • 单纯的用车咨询 • 发广告的帖子 • 卖卡卖券的帖子 • 找工作、入职的帖子
1	满意（或不满意，大部分是使用过程中感受到的） 价格不公、服务水平、易用性不好、与期望的差距、体验差	• 服务器坏了 • 登录不了、显示异常 • 客服太差 • 乱扣费 • 如果真实发生了，确实还不了车，气坏了，就是满意（或不满意）的原因
2	信任/风险（是心理层面的） 对疫情传染风险、平台倒闭风险、无法退押金风险、车少无车风险、中途没电风险、事故无人担责风险、车本身的安全风险、车上道违规风险以及其他风险的担心	• 押金退不了 • App下架，不提供服务 • 如果"担心"还不了车，就是风险，就是信任（或不信任）的原因
3	使用目的、出行习惯改变	
4	正面使用意愿	

第四节　共享汽车痛点的产生和演化原因

一、共享汽车服务各环节的问题反馈

根据上文对用户旅程地图的详细介绍，将分时租赁共享汽车的用户旅程
地图按照三个阶段进行划分，分别是服务前、服务中、服务后阶段。基于维
度二的编码体系对有效数据的文本内容进行分析后发现：首先，目前分时租

赁共享汽车的服务平台在服务体验中存在的问题主要集中在用户使用过程中的各服务环节，问题出现在服务中的占比为49%；其次，服务结束后反馈出现的问题，问题出现在服务后的占比为33%；最后，问题出现最少的是服务前阶段，问题出现在服务前的占比为18%，如图9-2所示。

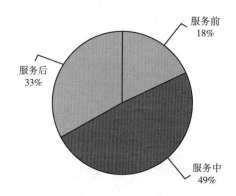

图9-2 存在的问题出现的阶段

而通过分析用户行为来寻找用户旅程地图中的服务接触点和问题点来看，在服务中阶段，用户反馈最多的是开始使用环节，占比为42%；然后依次是扫码解锁、还车结账以及选择汽车，占比分别为25%、17%和16%，如图9-3所示。

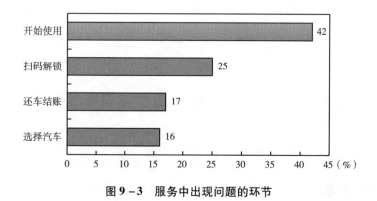

图9-3 服务中出现问题的环节

1. 在服务前，下载 App 注册账号时，首先，用户反映的问题主要是押金的金额较多。因为在这之前出现了不少共享单车平台破产导致大量用户押金退还难的情况，而共享汽车相较于其他共享服务产品押金金额更加巨大，会让一部分用户望而却步，另外还有一部分用户抱着想体验和尝试一下产品的心态，但是押金没有明确保障，因此这部分用户最终也选择放弃使用。在对数据进行分析时，发现不少用户反馈，作为学生群体的他们并没有固定的收入，押金的数额对于他们来说还是比较庞大。其次是等待审核的时间过长，有些用户一开始就是为了体验和尝试，没有明确的使用意愿，等待审核时间过长会对这部分用户造成不好的体验，从而放弃尝试，最终导致这部分潜在用户流失。

在选择汽车时，用户反馈的主要问题：第一，租赁网点较少，并且不好找。大型商圈和商业区附近网点较少，取还车区域设置不够便捷，网点可以使用的车辆较少。第二，预约时看不到车身状况，无法确定是否能够正常使用车辆，导致不少用户不敢在 App 上进行车辆预约，到达网点后预先选定的车辆已经被其他用户开走，只能重新选择车辆。第三，GPS 定位不准确，用户已经在实地看到车辆，但是 App 中定位显示没有从而无法正常使用车辆。

在扫码解锁时，用户反馈的问题：第一，车辆停放位置不好找，用户只能在 App 中看到车辆停放的大概区域，并不能显示车辆的具体位置，还需要用户自己去找。第二，车辆车身受损严重，存在一定的安全隐患。第三，扫码开锁不灵敏，这个问题也与网络信号存在一定的关系，有时可能会出现在用户放弃使用车辆后，车辆完成解锁，从而对用户造成不必要的损失。第四，在疫情期间，有些车辆需要扫描健康码或行程码来进行解锁，健康码识别拍照出现问题影响了用户的出行计划。

2. 在用户开始使用车辆时，用户反馈出现的问题较多：第一，车内环境差、有异味、未消毒，给用户造成了不好的使用体验，疫情期间消毒不及时也会造成一定的疫情传播风险，导致用户最终放弃使用。第二，用户对车内的部分功能不会使用，降低了用户的驾驶体验。第三，车辆部分性能设施受损，无法正常使用，给用户带来了不好的体验和一定的事故风险。第四，电动汽车自身的问题，分时租赁共享汽车大多选用的是电动汽车，动力问题、电池续航问题都常常被用户们所诟病，这个问题只能等待新能源车企不断深耕于研发才能被更好地解决。第五，用户在使用车辆期间可能会涉及自己需要垫付一些费用，如有的停车网点是收费停车场，需要用户自己支付停车费。

在还车结账时，用户反馈的问题主要有可还车区域太少、还车区域没有明显的标识，其次是网点还车区域可停车数量有上限，如果达到数量上限了，用户就无法在此网点还车，还需要把车停放在其他网点，影响了用户后续行程计划。还有就是平台的优惠活动少，推出的优惠力度小，和打车相比失去了对用户的吸引力。有时候用户在还车时系统会出现故障，无法完成还车结算，用户也无法锁车。结算时多扣款、延迟扣款也是用户反映较多的问题。

3. 在服务后出现的问题主要集中在企业自身的服务上：第一，押金退还手续复杂，等待时间长；第二，客服解答问题不够及时，缺乏时效性；第三，保险赔付不合理；第四，违章归属问题较多，无法完全保障用户的权益。

二、各服务流程的用户情感态度

态度是一种心理学和社会科学的概念。这种心理因素会影响到人们对所体验到的事物的表达。这是一个心理的基础过程，它反映了人对当前环境的认知、情绪和行为的反应，以及对当前环境的理解和反应。在资讯社会中，表达自己的观点一直是一种互动方式，而现在所要处理的信息大多是以文字的形式来呈现，运用文本的情绪倾向可以更好地认识使用者的情绪（陈惠敏，2016）。通过对数据进行三个不同的维度编码后，对选取的有效数据进行分析，可以从用户反馈的文本中提炼到很多有用的信息，其中包含了许多用户情感和态度的表现。

按照所属年份，通过对这三年的有效数据进行统计后发现，如图 9 - 4 所示，在不满意数据中，2018 年占比最多，为 39%；其次是 2020 年，为 34%；最少的是 2019 年，为 27%。

将 2018 年、2019 年和 2020 年关于不满意的文本数据进行归纳总结，然后对归纳的文本数据进行深入分析发现在这三年的不满意数据中，如图 9 - 5 所示，关于服务水平的讨论帖数量最多，为 31%；其次是与用户期望差距大、

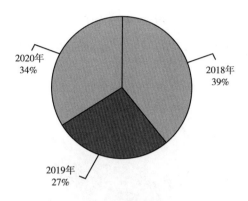

图 9-4　不满意数据年份分布

体验差的讨论，为 27%；然后是易用性的相关讨论，为 24%；最少的是关于价格方面的问题，为 18%。

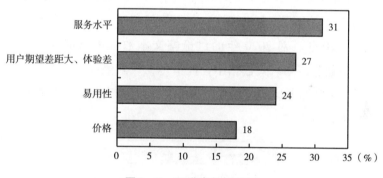

图 9-5　不满意数据分析

对用户产生不满意的原因分析如下：第一，服务水平主要包括在用户使用分时租赁共享汽车时出现的一系列问题，车辆在使用前已经出现故障或是在使用中故障频发，车辆维修、车内清洁不及时等问题。第二，用户期望差距大、体验差，主要包括用户在使用车辆时发现驾驶体验并没有想象中的好，车辆质量不能够保证满足用户的期望。第三，易用性的问题包括手机 App 与车辆蓝牙连接容易出现故障，上车前解锁车辆和还车时 App 无法登录，影响了用户的后续使用。第四，价格方面的问题，在没有优惠的情况下，使用车辆的价格高出用户预期的心理价位，造成了用户的不满。

此外，如图9-6所示，在不信任和感知风险的数据中，2020年的占比最多，为40%；其次是2019年，为32%；最少的是2018年，为28%。

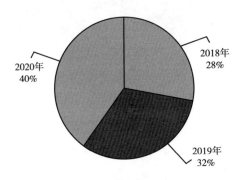

图9-6　不信任和感知风险数据年份占比

考虑到疫情对国内分时租赁共享汽车用户的出行造成了一定程度的影响。2020年的用户讨论内容较有代表性。在不信任和感知风险的数据中，挑选出占比最高的2020年，对2020年的讨论帖文本数据进行深入分析发现，在2020年的不信任和感知风险数据中，疫情传染风险最高，其次是平台倒闭风险，然后是无法退押金风险，再然后是事故无人担责风险，最低的是车本身的安全风险（见图9-7）。

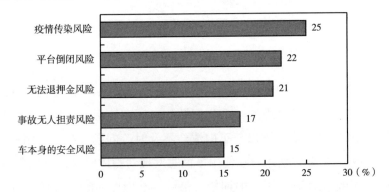

图9-7　2020年不信任和感知风险数据分析

对用户产生不信任和感知风险的原因分析如下：第一，疫情的出现对人们的生活造成了一定程度的影响。大部分用户担心使用共享汽车会存在疫情传播的风险。第二，受疫情影响，分时租赁共享汽车服务商只能被迫下架部分区域投放的车辆，可供用户使用的车辆减少，使用户担心平台存在倒闭的风险。第三，大部分分时租赁共享汽车服务供应商在疫情期间都存在一定倒闭的风险，用户担心一旦平台倒闭，用户缴纳的押金不能及时地返还，存在无法退还押金的风险。第四，用户在使用车辆前或是在使用中发现车辆存在的一些故障，但是并不是自己的操作造成的，可能是前任用户造成的问题，用户担心如果出现故障或是后期追责，无人担责造成自己不必要的损失。第五，用户担心车辆本身存在不稳定、不安全的风险，驾驶的车辆容易出现安全事故。

将 2018～2020 年所有的有效数据根据用户表达的不满意数据，按照用户旅程地图的七个行为环节进行归纳划分，分别是服务前阶段的产生用车需求、选择服务供应商环节，服务中阶段的选择汽车、扫码解锁、开始使用环节，以及服务后的还车结账、结束反馈环节。

如图 9 - 8 所示，用户表达出不满意的数据大部分集中在服务中的开始使用环节，主要的用户反馈有：车内卫生环境差、车内部分功能无法使用、车辆部分性能受损，以及动力和电池续航性能不足降低了驾驶体验等。

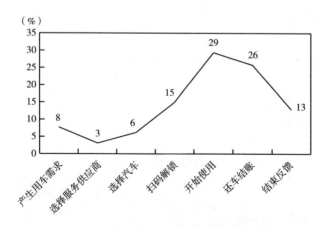

图 9 - 8　行为环节的不满意数据分析

用户反馈 1　"所有的车刚出厂都是好的，可是就有些人素质低下，要么扔点垃圾、扔点烟头在里面，要么把车弄得满车是'伤'，不是这里坏就是那里坏。当然不排除电动汽车方保养不当所致，不过人为破坏占很大比重，有的人拿来练手碰了擦了，有的人拿来进货弄得很脏，甚至晚上的代驾公司都瞄准这个车做生意，这么折腾不脏、不坏、不破才怪。至于用户只有尽力保护自己，轮胎车况一定要检查到位留好证据，或者就不要租为好。"

用户反馈 2　"第一次租盼达的时候，满心欢喜，说终于可以支持下重庆本土企业了，结果就租到一辆关不了双闪的坏车。无奈只有还了又租。后面各种毛病不计其数。最可怕的一次就是租到一辆没有喇叭、没有转弯灯、刹车超皮的车，在路上都快吓哭了。打电话给维修，维修说会尽快处理并进行赔偿，到现在都没消息。"

将 2018~2020 年的所有有效数据根据用户表达出不信任和感知风险的数据，同样按照用户旅程地图的七个行为环节进行归纳划分。如图 9-9 所示，用户表达的不信任和感知风险的数据大部分集中在服务后的结束反馈环节，主要的用户反馈有：受疫情的影响，担心平台破产倒闭押金不能及时退还、出现事故和违章的责任归属问题，用户权益不能保证、客户反馈不及时，无法解决实际问题等。

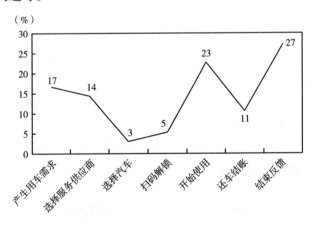

图 9-9　行为环节的不信任和感知风险数据分析

用户反馈1 "我遇到过类似的情况，下午三点，我用车之后正常还车，车辆没发生事故，晚上九点，本地运维人员给我打电话，说车辆受损，我是最后一个用车的人，让我赔偿车辆损失，我说我还车时车辆是正常，最后让我去现场和他们工作人员确认协商，到达还车地点后，他们的人员也过来了，现场情况，明显是还车后有人用车，造成的事故，赖到我头上，没办法，我报警让警察过来处理，等到十一点，他们又说后台查出来最后一个用车的人不是我，我之后有人用车，但是没有行车里程，让我回去，说这事原本和我没关系了。我大冷天夜里无缘无故地等了两个小时，最后说后台显示最后一个用车的人（最开始一直说，最后用车的一个人，找我处理事故，后来又说我之后有人用车），我打客服投诉，客服说让我先回去，我说是你们的责任，让我无缘无故地受冷受罪，客服说，最后一个用车的人不是你，但事故不一定就不是我的责任！！！无语了，一直过了一周，都没人理我，这就是他们的系统，这就是他们的服务！！！"

用户反馈2 "我之前有一个要扣分的违章，6月初的，我一直打电话催，打了不知道多少电话了，他们的回复都是我再帮你催促一下，一会儿有人给你回电话，然后到九月了收到短信说我没去处理违章，要扣1000元违约金，什么垃圾软件，以后再也不用了。"

通过对贴吧的这类帖子回复内容，进行分词，提取出关键词，然后过滤掉一些语气词和中性词，提取出不信任或感知风险的包括"服务费、事故、刹车、贵、麻烦、异常"等。

第五节 共享汽车痛点对使用意愿的影响

从统计的数据来看，使用意愿无关的数据占比达到了总数据的一半（见表9-4）。由于没有标明使用意愿的数据都会划归到这个类别，因此这个类别的数据占比较多是意料之中的事情。分析这个类别的数据，发现有广告帖、入职求职的帖子，还有招募帖子，剩下的较多的就是求助帖和咨询帖。

表 9 – 4   类别占比

类别		数量（个）	百分比（%）	
使用意愿无关		749	58.15	
负面评价	不满意	297	23.06	42.86
	不信任或感知风险	254	19.72	
	用户黏度	1	0.08	
正面评价		54	4.19	

在求助帖和咨询帖中，有的询问技术类的问题，例如询问如何进行注册，注册时驾驶证无法通过校验，如何处理？使用时交付的押金多久可以退还，每天使用的费用是多少？有的询问违章相关的话题，例如在使用共享汽车服务之后多久可以知道有没有违章，违章之后要如何处理，不处理的后果是什么？有的询问在使用共享汽车时发生了交通事故如何处理，例如撞树了、保险杠掉了，如何处理？保险杠掉了，需要赔偿多少。追尾了，要如何处理，维修金是否需要垫付。除了以上问题，还有的询问充电桩的位置等。

一、不继续使用意愿

1. 如表 9 – 4 所示，在使用意愿相关的帖子中，负面评价的帖子占据了一多半，在负面评价的帖子中，以不满意、不信任或二者兼有的帖子数量居多，而且多表达了不继续使用或不推荐使用的意愿。例如以下帖子：

（1）"说好的 3 小时 69 元的套餐，既没有超时，也没有事故，用完车却要 100 多元，打电话问客服，告诉我说这个套餐里面小字说的不包含里程费，套路真的太深了"。

（2）"真的很恶心，一个多月前，租了一天汽车扣了我两百多。一个破车还收能源补充费用，真的是被恶心到了"。

（3）"我发现租共享汽车有夜间套餐（套餐显示从 26 日晚 8 点到次日早 9 点），因为这个套餐跟其他的套餐显示基本一样，只有一字之差，而且之前用过这个套餐，并未注意到那么一个小小的字眼。后来投诉过程中才了解到，该套餐是只能在周一到周四使用，那么这样的显示就有存心误导的嫌疑，既多收消费者钱，又腾出车"。

（4）"从元旦节开始，App 就一直提示系统异常，我真的很想告平台"。

（5）"竟然收到了一年前的违章短信"。

2. 很多发帖以抱怨服务为主要内容，传递了负面口碑。有的抱怨客服处理不及时或不作为，甚至有的客服无法联系上。例如以下帖子：

（1）"我之前能打通客服的电话。现在打过去，打了两遍都没人接听"。

（2）"很多的霸王条款，而且客服人员态度特别的差"。

（3）"到了还车站点却还不了车，打了很多次客服电话也没人接，只能不停变换汽车位置，尝试还车"。

3. 还有以提示其他用户关注安全风险或车况差相关的话题，很明显传递了不推荐使用的意图。这类帖子主要内容是共享汽车服务提供商如何对车辆的维护不到位，无法保证车辆的状态良好。汽车的刹车不灵敏，方向盘有异响，汽车轮胎漏气。例如以下帖子：

（1）"一上车，方向盘嘎嘎响，刹车也是嘎嘎响，转向助力是有问题的，而且左前轮胎也比较瘪"。

（2）"就出现两次紧急情况，正常行驶，时速保持在 50 公里，然后突然踩油门没反应，不加速。仪表盘上出现灰色三角形中间感叹号的标识，就算是使劲踩也就只能跑 16 码，如果超车或者跑高速出现这种情况真的不敢想"。

（3）"车况比别的公司差，而且车里还很脏"。

（4）"因为完全是无人验收车辆的状态，所以车辆是各种撞烂，脏臭。汽车里面有各种发霉的食物和果皮，有的缝里还塞满瓜子壳"。

（5）"租了一台车子，感觉车况什么的还是不错。外观比较干净就是稍微有点小划痕，不过完全能够接受。但是坐进车子里面才发现，挺新的车里面却有很多瓶瓶罐罐"。

二、用户黏性分析

从统计的数据来看，直接与体现用户黏性相关的数据特别的少，仅仅是个位数。对于这部分数据主要是使用这个比打车要优惠很多，以及使用共享汽车服务免押金。

三、正面使用意愿

从数据分析正面的评价比较少，占比为4.74%，远远地小于负面评价的数据，这是因为使用共享汽车服务过程中产生的负面情绪比正面的情绪更能激发出用户上网发泄的行为。分析数据发现对于汽车免押金比较赞赏，另外还有赞赏使用积分兑换服务，有的赞赏共享汽车服务App界面友好；有的赞赏规划好使用时间和路线，共享汽车服务的费用比较合算；有的赞赏共享汽车的优惠券力度比较大。新冠疫情发生后有的人想要租车，因为车辆毕竟是个相对封闭的环境，减少对人员的接触。例如以下帖子：

（1）"最近全国开始复工。马上要上班了。在考虑要不要租个车呢"。

（2）"一开始还担心退押金有麻烦，结果很顺利地就退到了押金"。

（3）"目前好像是芝麻信用700以上可以免押，希望以后还能再降低一些"。

在正面使用意愿的发帖中，原先提及最多的是实惠，然后是车况好，接着是系统美观、易用，再往后分别是传授经验，免押金、退押金方便，客服给力，练车和疫情期间使用，如图9-10所示。

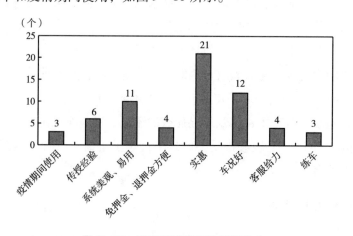

图9-10 正面使用意愿的原因分布

第六节　共享汽车痛点对口碑传播的影响

服务痛点将经由影响用户情感态度，或影响情感态度进而影响负面口碑两条路径最终影响服务的再购行为。网络论坛的用户讨论帖虽然无法直接验证服务痛点对再购行为的影响，但可以验证服务痛点对用户情感和网络口碑变量的作用关系，深入分析具体哪个环节是显著的作用路径，进而推断出服务痛点对分时租赁再购行为，即市场渗透率变化趋势的影响。根据内容分析，分时租赁用户旅程包括7个阶段，其中第5、第6、第7阶段已被认定为痛点环节；用户情感态度包括无明显态度、负面情感态度不满意、负面情感态度不信任以及正面情感态度4项；口碑传播包括高、中、低3类传播强度。具体的每项占比已在表9-5中列出。通过关联规则分析可以识别第5、第6、第7阶段最容易导致不满意、不信任或两种情绪兼有，其引发的这三种情绪占主题帖总数的39.6%，占负面情绪态度主题帖总数的91.1%。这三种情绪都容易引发中度口碑扩散，不满意、不信任二者兼有则最容易引发高度口碑传播和公众的共情。

表 9-5　　　　　　用户旅程消费环节—用户情感态度的关联规则

用户旅程的消费环节	无情感态度	正面情感态度	不满意	不信任	既不满意又不信任
	关联规则（支持度%，置信度%）				
第1阶段	(6.3, 55.9)				
第2阶段					
第3阶段					
第4阶段					
第5阶段	(3.5, 27.6)		(3.3, 25.8)		
第6阶段			(6.0, 39.4)		(3.9, 25.9)
第7阶段				(16.6, 3.2)	(9.8, 19.6)

注：表中结果基于2018~2020年合并数据，单个年份数据与合并数据计算得到的关联规则没有明显区别。

    Apriori 算法计算各项目共同出现在用户主题帖中的频次，建立各项目之间的关联矩阵。借由各维度项目之间关联频率的高低定义关联强度，如表 9-6 所示。为了避免各项类目之间关系太过复杂，而导致痛点影响情感态度及负面口碑的作用路径无法辨别，根据古特曼等（Gutman et al.，1982）的研究建议，并结合分时租赁的实际情况，设置强关联规则的最小支持度为 3%，置信度为 20%。由此，我们得到更为细致的痛点影响路径层图，以作为痛点作用路径分析的参考架构（王浩等，2021）。

表 9-6　　　　　　　用户情感态度—口碑传播程度的关联规则

情感态度	低	中	高
	关联规则（支持度%，置信度%）		
无情感态度	(19.7，68.5)		
正面情感态度	(3.4，57.1)		
不满意	(12.2，53.0)	(9.7，42.1)	
不信任		(10.2，44.0)	
既不满意又不信任		(9.9，52.0)	(1.5，7.8)

    图 9-11 中，连线代表两个类目项相关联，关联越紧密，连线越粗。关联分析发现不信任的情绪比不满意更容易导致负面口碑传播。从引发负面口碑扩散程度来看，负面情感态度的重要性排序为：既不满意又不信任 > 不信任 > 不满意。进一步从引发这些负面情感态度的能力来看，痛点的致命程度排序为：售后服务阶段 7 > 还车结账阶段 6 > 使用过程阶段 5。各维度类目的影响路径颇多，但值得关注的影响路径有五条：使用过程阶段 5—不满意—中低度口碑扩散，使用过程阶段 6—不满意—中低度口碑扩散，使用过程阶段 6—既不满意又不信任—中高度口碑扩散，使用过程阶段 7—不信任—中度口碑扩散，使用过程阶段 7—既不满意又不信任—中高度口碑扩散。

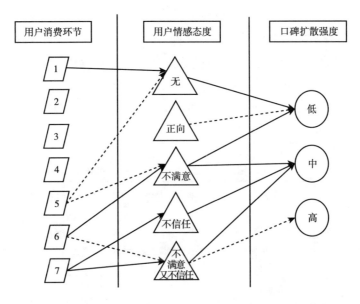

图 9 - 11　消费环节—情感态度—口碑扩散类目之间关联关系

　　阶段 5 是分时租赁车使用阶段，这个过程中由于用户驾车水平或对分时租赁车辆本身不熟悉导致的求助讨论帖，不会引发过多的讨论帖；但如果是车辆质量问题的发帖，则会引发不满情绪，导致中度的口碑扩散。阶段 6 是还车结账阶段，很多讨论帖谈到了 App 计费有误或者信号弱无法还车导致被动计费，因而引发不满意甚至是怀疑平台技术水平的不信任情绪，导致中度口碑传播。阶段 7 则是售后服务阶段，是消费者与平台的再次沟通过程，用户进一步了解了平台的不足，所以产生的不信任情绪较多，进而引发了中高程度的口碑传播。以下将针对这三个痛点背后反映的运营问题展开具体分析。

　　在内容标记过程中可以发现，阶段 5 开始使用的问题直接与分时租赁所投入的车辆质量以及运营过程中的维修保障能力相关，通过分析发现问题集中在"可用车少""车内不卫生""车轮气压不足""车辆严重故障或损坏""行驶过程中突然熄火""行驶过程中爆胎""部分可租共享汽车无法正常使用""剩余电量显示不准确"。阶段 6 的问题集中体现在"停车位少无法还车""出停车场被索要停车费""网点信号弱无法取、还车""App 无法还车"

"还车计费有误"等。阶段 7 的售后不佳体验集中体现在"违章""退押金""投诉处理"等关键词中，并且很多体验反映出的问题是全流程的问题的集中体现，与分时租赁运营的各个方面都有关联，并不仅仅停留在售后服务部门本身。例如，"违章通知与还车时间间隔太久处理流程复杂""违章处罚不准确事故责任认定不准确""倒闭""押金不退""退押金手续复杂周期长"等（见表 9 – 7）。

表 9 – 7　　　　　　　　　分时租赁服务反映的管理经营问题列表

服务痛点	痛点的影响	高频语句	反映出的管理经营问题				
			产品	服务意识与责任感	体量和运营规模	技术	与经营伙伴关系
使用过程	·不满意	可用车少			●		
		车内不卫生		●		●	
		车轮气压不足		●			
		车辆引擎盖飞起、掉落	●				
		行驶过程中突然熄火	●				
		行驶过程中爆胎	●			●	
		部分可租共享汽车无法正常使用					
		剩余电量显示不准确	●			●	
还车结账	·不满意 ·既不满意又不信任	停车位少无法还车			●		
		出停车场被索要停车费					●
		网点信号弱无法取、还车				●	●
		App 无法还车				●	
		App 还车计费有误				●	
		规范还车还被交警贴条					●

续表

服务痛点	痛点的影响	高频语句	反映出的管理经营问题				
			产品	服务意识与责任感	体量和运营规模	技术	与经营伙伴关系
售后服务	·不信任 ·既不满意又不信任	违章通知延迟					●
		违章处理流程复杂					●
		违章处罚不准确				●	
		事故责任认定不准确				●	
		面临倒闭危机押金不退			●		
		客服态度差		●			
		投诉得不到及时有效解决		●			

痛点集中分布的用车阶段、还车结账阶段和售后服务阶段体现了产品、技术、服务意识与责任感以及与经营伙伴之间的关系等方面的运营管理问题。

第一，产品，即运营车辆。2019 年前后分时租赁公司一直致力于增加布点、投放车辆，对旧有故障车辆没有及时更新，或故障车回收下架后，没有及时更新到平台，给用户造成了"行驶过程中突然熄火""行驶过程中爆胎""剩余电量显示不准确""部分可租共享汽车无法正常使用"等困扰。

第二，体量和经营规模。同样由于分时租赁公司一直致力于扩大布局，用车便利性方面的负面口碑并不太突出。只有部分讨论帖出现了关于"车少"和"停车位少无法还车"的反馈。更值得注意的是盲目扩张规模后，资金链断裂导致的"倒闭""押金不退""退押金手续复杂周期长"等反馈。可见，分时租赁企业的问题不是体量和规模不足，反而是体量和规模过大，超过了其资产安全监管和营收能力。

第三，与经营伙伴的关系。"停车位少无法还车"和"出停车场被索要停车费"都是和网点租赁方没有达成灵活的车位和收费协议造成的麻烦；而"违章通知与还车时间间隔太久、处理流程复杂"则反映了分时租赁企业和交管部门的信息交互不畅。违章信息的实时更新达不到运营水平引发的更大的问题是部分劣质用户发现此漏洞后违章还车，给其他用户造成麻烦。这些反馈体现了分时租赁企业与各个利益相关方的合作中话语权不高，运营水平受到经营伙伴的制约。

第四，服务意识与责任感。所有讨论帖中真正的"客服投诉不处理、不解决"的问题相对而言比较少，可以看出这并不是一个改善售后服务部门的服务质量，或者售后部门与其他部门的协作水平，就能够解决的问题。而是要提升整个运营过程中的技术水平和服务水平。

第五，技术。分时租赁运营需要很多信息系统和车辆控制技术协同运作，包括车辆定位和监控系统、充电系统、计费和订单管理系统、车辆分配调度维修保养系统等。技术手段不能保障运营是很多负面反馈背后深层次的问题，是分时租赁最关键的难题。例如，还车结账阶段"车没还上，后续计费""行程0公里，计费70元"等零星讨论，都是分时租赁App系统偶发问题导致的。又如，用车阶段"车内不卫生""车轮气压不足""车辆严重故障或损坏""行驶过程中突然熄火""行驶过程中爆胎"等用户反馈一方面是维修和清洁不及时，服务意识不高或运维人员不足导致的；另一方面也是对车辆情况的自检测技术缺失引发的问题，如果有车内环境监控技术、胎压自检测技术或每个轮胎的使用维修档案，那么针对性的运维可以大大降低运维成本。

其中以售后服务阶段体现的车辆控制技术和用户监管技术缺失问题最为突出。例如，"违章处罚不准确、事故责任认定不准确"是由于共享汽车车内设备和环境未安装监测或监控设备，只要有账号谁都能开，技术手段达不到，没有有效的检测监管技术；全靠"用车前全车身拍照，车内环境拍照，后面用户可以对违规停车、剐蹭等问题举报前一位用户……"等用户管理制度设计无法保证准确地认定每位用户的过失，经常出错；而且这些用车制度很烦琐，影响用户用车体验，"劝退"了很多老用户。更严重的问题是过失认定出错后，真正的事主没有被惩罚的负面口碑传播后，一些用户用车越来越随意，违规还车现象增多。无辜的用户被卷入惩罚纠纷，或者导致下一位用户在车辆行驶过程中造成意外事故，更增加了分时租赁的服务难度，用户体验到的痛点也越来越多。这些负面影响在用户讨论帖中都有体现，破窗理论认为环境中的不良现象如果被放任存在，会诱使人们仿效，甚至变本加厉。从用户讨论帖中可以发现，分时租赁服务目前就形成了这样一条负面口碑—用户破窗心理—服务痛点的负向循环关系，如图 9 - 12 所示。长此以往，用户对分时租赁车身安全更加担忧，产生信任危机以及车辆的损坏。劣币驱逐良币，整个分时租赁系统将难以为继。

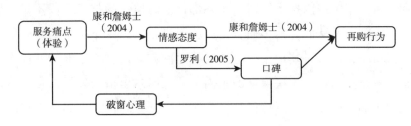

图 9 - 12　服务痛点对口碑及再购意愿的影响

第七节　共享汽车服务痛点研究的管理启示

一、提升用户监管技术，防止分时租赁市场中劣币驱逐良币

综合上述分析可以发现一个一直被行业和企业忽视的核心问题，分时租赁行业没落是分时共享监管手段发展水平不足导致的。结合以前的研究成果，分时租赁即使在车辆规模和布局规模不大的前提下，完全有可能依靠其服务于特定出行场景的聚焦战略，在局部出行市场中占有一席之地。这一想法也得到了后期的分时租赁运营商的认同和实践应用。比如，2019 年 3 月艾瑞咨询报告中将当时的分时租赁服务类型分为两种：区域覆盖模式和场景覆盖模式。区域覆盖模式是在一定使用区域内设置投放网点；场景覆盖模式的主要特点在于满足用户特定点 X 到 Y 的出行需求。除车辆本身外，区域覆盖模式最大成本投入为网点建设，场景覆盖模式最大成本投入为车辆调度。2019 年

5 月 iiMedia Research 艾媒咨询数据显示，受访中国汽车分时租赁用户的出行场景多为商场（29.0%）、CBD（39.3%）和旅游区（51.4%）。城市中心区域和远离城市中心区域的旅游区是中国受访网民用车较多的场景。2018 年底，EVCARD 上线车内空间更大、续航时间更长的荣威 Ei5，扩充了用户家庭出游的出行场景。2019 年，基于用户 7∶2∶1 的短途出行、商务出行、个性化出行需求比例，EVCARD 又在全国范围内上线了别克 VELITE 6，满足了 70% 用户的出行需求。但实施聚焦策略后，并没有挽救分时租赁业务发展的颓势。车联网技术、车辆控制技术等对汽车各部件实时监控的技术手段不足，导致用户监督管理力不从心。具体而言，劣迹用户或只想用车练手的驾驶新手被吸纳进入市场，而且对其用车行为的惩戒力度和准确度都不够，而优质用户逐渐被不安全的车辆、无法保证的车内环境、偶尔出错的事故追责等不佳体验倒逼出市场，如此以往恶性循环，最终导致了分时租赁在局部出行服务市场也经营不下去了。

劣币驱逐良币的问题已经是分时租赁新老用户心照不宣的共识。例如，在 B 站一则名为"年轻人的'第一台车'"的短视频中，联动云的分时租赁共享汽车被调侃为年轻人的第一台越野车、坦克和移动厕所，还有对观致 3和观致 5 站着踩油门、漂移和越野爬坡等不文明用车行为的调侃。并称分时租赁共享汽车是国人素质的检测车。该视频在 B 站有 174.2 万的播放量，并收获了 5.3 万的点赞。

缺少正确的鉴别信息，劣币驱逐良币，导致市场逆向选择。这一结论是值得所有共享出行业务，甚至是共享经济行业的深入思考和借鉴的。例如，由于共享单车也同样存在车身部件无法实时监管的问题，共享单车在局部地区经营不善、无法盈利，是否也存在着劣币驱逐良币的现象？例如，思考为什么有人驾驶的网约车一直是共享汽车的主要运营模式，什么时候无司机驾驶的分时租赁汽车能够真正意义上替代有司机的网约车？思考这一问题时，一定要考虑到网约车的司机除了驾驶之外，还承担了监督乘客、管理乘客、保障一车之内的安全和环境稳定可靠的功能。如果监督和管理用户的功能无法用技术替代，那么共享汽车的司机将在共享汽车行业长期存在。又如，为什么"共享充电宝""共享流量""Uber 共乘（国内的拼车）""共享停车位"等共享经济业态经营得不错，而"共享公寓""共享打印机""分时租赁共享汽车"等业态始终难以盈利？在回答这一问题时，可以带入用户监管技术的讨论。从用户监管的角度来看，前者的用户使用过程很难对共享资源本身产生破坏，或者如果产生破坏是极易发现和监督并追责的；而后者共享资源属性复杂，使用过程需要的互动较多，很容易损坏共享资源，即使是非主观意愿的损坏。由于共享资源本身的实时检测技术匮乏，或对共享用户的信用管理体系缺失，很难追责。尤其是像共享公寓和分时租赁共享汽车等服务在用户享受服务过程中是非常重视服务的私密性的，做全程监管难度更大，因此用户追责也更加困难。因此，用户监管门槛的高低可以作为传统业务是否适合发展为共享业务的一个判断准则。

二、盲目扩张规模不可取，应聚焦技术和服务的提升

根据前文有关服务痛点反映问题的讨论部分，水平低、痛点鲜明的分时租赁服务背后的问题是多维度的。具体包括产品、技术、服务意识与责任感、体量和运营规模与经营伙伴关系等，反映在整个运营过程的方方面面。2018～2020 年，分时租赁四大头部企业有关业务和战略调整能在一定程度上反映出分时租赁企业 2018 年和 2019 年获得融资后在运营管理各个维度上的投入。

在 2018 年到 2019 年初的一段时间里，分时租赁企业做了两件事：一是增开布点城市、投放车辆、冲击用户规模，在市场端全面扩张；二是积极地与汽车制造、汽车金融、汽车科技或地图导航等出行服务企业合作打造生态系统，在产业端抱团扩张。

在打造服务品质，提升用户价值方面，分时租赁企业做了车内增加充电线、按摩椅，App 中增加目的地商家信息、美食推荐、天气问候、开设违规课堂等很多增加用户价值的探索，但是核心的出行服务没有做好，产品的层

次概念理论里面，核心产品是关键，附加产品是次要的。在实证研究中这些附加价值几乎没有被用户讨论过，没有形成正面口碑。

实证研究中同样没有观测到正面口碑的还包括一些行业宣传的运营技术革新。包括蓝牙+网络双道控车技术、自动泊车技术、人脸识别辨认驾车者真实信息技术、T－box车联网技术记录车辆状态和用户行为、AI技术判别车辆损毁和卫生状况等。以上技术其实对解决用户的负面态度，扭转负面口碑是非常关键的。有些技术可以做到"药到病除"。例如，联动云2019年发布的"蓝牙+网络"控车技术可以支持更多用车场景。当用户在地下停车场、闭塞环境、偏远地区等信号微弱的地方需要还车操作时，用户可先在手机上连接蓝牙，实现蓝牙锁车，随后在方圆一千米内，找寻有信号的地方，进行还车操作即可。但是通过对2019年和2020年用户论坛实证考察后发现这些技术在用户反馈中是空白的。用户依然对地下停车场取还车抱怨很多，并且没有其他用户为分时租赁方申辩。引发原因可能有两个：其一是技术应用了，但用户没感知到，是沟通宣传不够导致的用户认知问题；其二是有的技术只停留在概念或技术演示阶段，暂时没有达到商业应用水平。

分时租赁企业在2020年出现更大范围的运营困难后，寻求业务转型，从分时租赁向传统长时间租赁转化。为了提高盈利能力，很多分时租赁企业还在压缩服务、投入成本。为了维护市场份额，吸引用户长期留存，多采用折扣、赠优惠券、签到奖励等促销方式。但如果没有安全可靠的运营车辆和系统服务作为支撑，促销吸引的用户往往适得其反，很难有黏性可言。

总的来说，分时租赁企业在降本增效时还是以扩大规模优势的互联网平台思维为主，品牌升级主要以与大平台联合打造生态，冲用户月活量，扩大布局规模等活动为主。没有聚焦现有市场，服务好长期忠诚用户，打磨服务细节的意识。出现困难后，在其收缩和转型战略中，也没有将提升用户监督技术和服务质量考虑其中，甚至还可能是最先被放弃的部分。例如，2020年分时平台都推出了包时长租赁套餐，甚至部分车辆改为长期租服务。短租变长租，用户管理的压力变小了，用户筛选的门槛拉高了，规避了短时频繁租赁不好做用户监督的问题。但分时转长租，从技术发展和业务创新趋势来看无异于是一种倒退，极易被视为是分时租赁服务在市场消失的信号。

三、改进服务痛点，阻断负面口碑传播从用车和售后环节开始

不可否认的是目前分时租赁行业资金有限，由 2019 年获得融资后的扩张转为全面收缩。同时面临的经营管理问题也很多，如何将有限的资金用在刀刃上，扭转目前的颓势，是分时租赁行业面临的关键问题。分时租赁服务可以提升其在用户产生某特定出行需求时的第一提及率，形成在某些特殊出行场景中的忠诚顾客。

在具体战术上，根据本书的结论，要加强对服务质量的重视。长期来看，提升对车辆零部件远程检测、车辆内部环境监控等用户用车行为责判技术的研发投入，使其尽快达到分时租赁的应用要求；可以约束和规范用户行为，阻断破窗效应。短期来看，在小规模的服务场景中，在有限车辆的服务体系中，加大车辆的运维力度，全面提升车辆安全、车内清洁、App 计费系统精准运行等方面的质量；加大投入，维护与停车场、交管部门的关系和降低信息沟通成本。这样也可以一定程度改善用户的负面体验，阻断负面口碑的传播链。

第十章 考虑用户画像的共享汽车平台运营效果评价

第一节 共享出行平台运营效果评估的维度

根据前文用户画像以及用户需求反馈的研究，笔者对分时租赁共享汽车平台运营的评价，主要从以下四个维度展开：第一个维度是对电动汽车分时租赁的综合经济性进行评价，包括车辆使用周期的总体成本，以及不同利益相关方的成本效益分析；第二个维度是对电动汽车分时租赁的能源和环境效果进行评价，评价电动汽车分时租赁的节能减排效果；第三个维度是评价电动汽车分时租赁对交通效率优化的影响评价；第四个维度是用户使用便利性的评价。

1. 性能与经济性综合评价。

2. 能源和环境效果评价。

3. 对城市交通效率优化的影响评价：（1）对用户交通出行效率的影响；（2）对居民出行方式的影响。

4. 用户使用便利性评价：（1）出行规律、用车习惯等；（2）对租赁车辆动力性、可靠性等方面的评价；（3）约车、用车、还车过程中各项服务的评价。

第二节 共享出行平台运营效果评估思路

对分时租赁共享汽车平台运营效果的评估，采用主观评价和客观评价相结合的方式（见图10-1）。

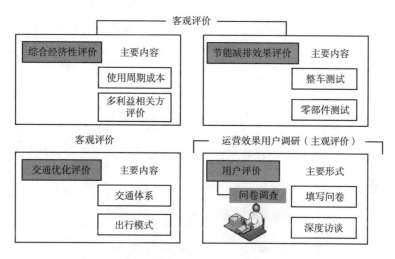

图10-1 分时租赁共享汽车运行效果评价框架

1. 客观评价主要基于测量、试验、检测、统计等方式获得的数据，进行客观的分析计算。比如经济性评价方面、电动汽车分时租赁运营的节能效果方面。

2. 主观评价主要是采取问卷调查的方式，测量和收集电动汽车分时租赁用户的电动汽车使用行为和习惯，以及对部分用户的深度访谈。

第三节　共享出行平台运营效果评价指标体系

一、评价指标的选择

（一）原则

评价指标选择应该遵循目的明确、全面覆盖、切实可行的原则。评价过程尽量争取客观，利用客观数据进行客观评价或辅助主观评价。

1. 目的明确。所选用的指标目的明确。从评价的内容来看，该指标确实能够反映有关的内容，决不能将与评价对象、评价内容无关的指标选进来。

2. 比较全面。选择的指标要尽可能地覆盖评价的内容，如果有所遗漏，评价就会出现偏差。比较全面的另一个说法就是有代表性，所选的指标确实能反映评价内容，虽然不够全面，但代表了某一侧面。

3. 切实可行。通俗说法是可操作性。有些指标虽然很合适，但无法得到，就不切实可行，缺乏可操作性。

（二）评价指标

在电动汽车分时租赁运营效果评价的四个维度方面，评价指标如表 10 - 1 所示。

表 10 - 1　　　　　　　分时租赁共享汽车平台运营效果评价指标

一级指标	二级指标	二级指标
电动汽车分时租赁运营效果	产品性能	车辆性能
		车辆可靠性
	能源环境效益	节能减排效益
	交通优化效益	缓解停车位压力
		居民出行效率
	用户满意度	出行方式的优越性
		分时租赁系统运营服务的便利性
		分时租赁网点规划布点的便利性
		分时租赁系统的经济性

二、评价指标测算方法

1. 产品性能。

（1）车辆性能。主要测算电动车辆续航里程、百公里耗电量、加速性能等技术指标，数据来源为分时租赁示范企业、司机访谈。

（2）车辆可靠性。主要测算车辆故障率（百辆车年故障次数）、安全性（每年的安全事故数量）等指标，数据来源为分时租赁企业。

2. 节能减排效益。

节约能量 = 分时租赁电动车规模 × 电动汽车日平均行驶里程 × （传统汽车单位里程的能耗 − 电动汽车单位里程的能耗）

3. 交通优化效益。

（1）缓解停车位压力。减少停车位需求，每辆车缓解的停车位数量 = 替代传统车的数量 − 1。

（2）居民出行效率。居民出行效率的测评分为两个方面：一是测评分时租赁系统对城市公共交通系统的衔接效果；二是测评分时租赁系统节约用户出行时间的效果。两个方面均采用分时租赁用户问卷调查方式进行。

对于公共交通系统衔接效果的分析，采用用户流向分析，调研用户租赁电动车前和还车后的公共交通工具换乘情况。

对于节约出行时间的效果分析，采用租赁目的分析，调研用户原交通出行方式、各类出行方式的比例，进行节约时间的对比分析。

4. 用户满意度。对于用户出行方式的优越性、使用分时租赁系统的经济性、运营服务和布点的便利性分析借鉴现有学者对公共租赁自行车满意度研究的调研问卷，并结合分时租赁用户需求特点和使用行为特点进行改进。

5. 用户经济性客观分析（主观满意度见调查问卷）。节省的成本包括分时租赁每公里成本、出租车每公里成本以及拥有车辆每公里成本。具体表达式如下：

分时租赁每公里成本 = 分时租赁价格 × （出行时间 + 出行距离）

出租车每公里成本 = 出租车价格 × （出行时间 + 出行距离）

拥有车辆每公里成本 = （每年车辆折旧 + 维修保养 + 保险 + 税收
+ 其他）/ 每年平均行驶里程

三、主观评价指标的测量及其权重设定

1. 主观评价指标的测算方法。李克特量表是评分加总式量表最常用的一种，属同一构念的这些项目是用加总方式来计分，单独或个别项目是无意义

的。它是由美国社会心理学家李克特于 1932 年在原有的总加量表基础上改进而成的。该量表由一组选项组成，每一选项有"非常同意""同意""不一定""不同意""非常不同意"五种回答，分别记为 5、4、3、2、1，每个被调查者的态度总分就是他对各道题的回答所得分数的加总，这一总分可说明他的态度强弱或他在这一量表上的不同状态。李克特量表的优势是可以用来测量多维度的复杂概念或态度；使用范围广，比同样长度的量表具有更高的信度。

2. 指标权重的设定方法。权重系数是指在一个领域中，对目标值起权衡作用的数值。权重系数可分为主观权重系数和客观权重系数。主观权重系数（又称经验权数）是指人们对分析对象的各个因素，按其重要程度，依照经验，主观确定的系数，例如 Delphi 法和层次分析法。这类方法人们研究得较早，也较为成熟。客观权重系数是指经过对实际发生的资料进行整理、计算和分析，从而得出的权重系数，例如熵权法、标准离差法和 CRITIC 法。这类方法研究稍晚。

（1）专家咨询权数法（Delphi 法）。该法又分为平均型、极端型和缓和型。主要根据专家对指标的重要性打分来定权，重要性得分越高，权数越大。优点是集中了众多专家的意见，缺点是通过打分直接给出各指标权重而难以保持权重的合理性。

（2）层次分析法（AHP 法）。该法是一种多目标多准则的决策方法，是美国运筹学家萨迪教授基于在决策中大量因素无法定量地表达出来而又无法回避决策过程中决策者的选择和判断所起的决定作用，于 20 世纪 70 年代初提出的。此法必须将评估目标分解成一个多级指标，对于每一层中各因素的相对重要性给出判断。它的信息主要是基于人们对于每一层次中各因素相对重要性作出判断。这种判断通过引入 1~9 比率标度进行定量化。

（3）多元线性回归求权重。回归分析又名关键因素分析，是多元统计分析方法之一，目的在于找出多个自变量对同一因变量之关系，并将其量化。利用多元回归分析，每个自变量都会从计算中得出一个相应的回归系数，这个系数反映当其他自变量不变时，其中一个自变量作出一个单位转变后，对因变量的预测影响程度。所有分析内的变量都会归一化，除了能控制各个变量的不同量制外还能统一各变量内的数据散放的差别。分析过后的一系列回归系数，可以作次序排列，并可互相比较。

第四节　共享出行平台运营效果评价模型

电动汽车分时租赁运营效果评价模型如图 10 - 2 所示。

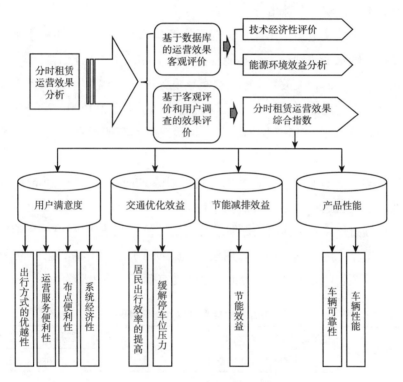

图 10 - 2　电动汽车分时租赁运营效果评价模型

第五节　应用案例

以某地区 2018 ~ 2019 年已投入运营一年的电动汽车分时租赁项目为例子，运用本章开发的评价模型开展电动汽车分时租赁运营效果评估。出于对企业市场竞争安全的考虑，重要运营信息全部隐去。下面从产品性能、节能减排效益、交通优化效益、用户满意度四个维度进行逐项评价。

一、产品性能评价

1. 车辆性能评价。参与分时租赁运营的电动车型从车辆续驶里程来看，续驶里程在 100～200 公里的短程电动汽车，其续驶里程基本可以满足日常通勤出行，但无法实现长途出行。

能耗水平反映电动汽车能量管理系统开发水平以及整车匹配水平，由于不同车型能耗水平差别较大，不能直接比较，因此考虑比较不同车型时车辆能耗水平与车重的相关关系。电动汽车重量为 1500 千克以下的车型能耗水平基本保持在百公里能耗 10～15 千瓦时。电动汽车重量为 1500～2000 千克的车型百公里能耗水平在 15 千瓦时，开空调情况下整车能耗水平在 15～18 千瓦时，整车能耗水平较高。

2. 车辆可靠性评价。可靠性的评价可以通过两种方式——无故障行驶里程以及车辆质量进行评估。目前由于电动汽车销量较少，无法获得相关的数据，可以通过厂家对电池组质保期进行客观评价（见表 10－2）。目前相较于传统燃油车型，电动汽车的保修期较长，表明了厂家对电动汽车的可靠性的信心。在本项目的车辆可靠性方面，本年度车辆正常使用率为 86%。

表 10－2   电动车与汽油车可靠性指标对比

电动汽车	电池组质保期（年/公里）	参照汽油车型	保修期（年/公里）
	8 年/15 万公里		3 年/6 万公里

3. 消费者经济性评价。从用户的使用价格来看，目前出租车和网约车使用价格相当，分时租赁的价格相较于出租车和网约车具有明显的成本优势。以本项目为例，车辆行驶 5 公里以内，分时租赁车辆起步价 10 元人民币，略低于出租车价格，行驶距离越长，分时租赁车辆的成本优势越明显（见图 10－3）。

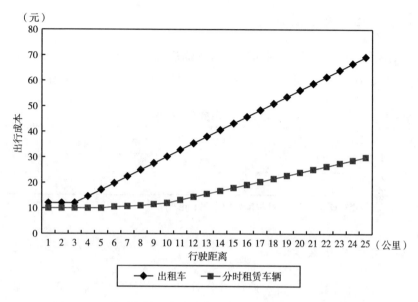

图 10 - 3　分时租赁用户使用出租车和分时租赁车辆价格差异

综合分时租赁电动车的车辆性能、车辆可靠性、消费者经济性三个维度评价指标，以及专家对三个维度的权重设计，得出分时租赁电动车技术经济性评价得分为 4. 15 分（见表 10 - 3）。

表 10 - 3　　　　　　　　　分时租赁电动车技术经济性综合评价

电动汽车分时租赁性能与经济性能评价	权重（%）	评分（分）	主要评论
车辆性能	40	4	车辆续驶里程可以满足日常通勤行驶需求；车辆能耗水平较燃油车有较大优势，但仍有较大改进空间
车辆可靠性	30	4	随着电池技术的进步，电动车的保修时间较长，表明厂家对电动车可靠性的信心
消费者经济性	30	4. 5	费用较出租车和网约车价格具有较大优势
总体评分	100	4. 15	

注：评分 1 ~ 5 分，1 为最差，5 为最优。

二、节能减排效益

节能减排效益评价以分时租赁运营车辆规模为 2000 辆为例，每年可以节约燃油 2174 吨，节省燃料成本 1397 万元。具体数据如表 10 - 4 所示。

表 10 - 4　　　　　　　　　电动租赁车辆节能效果

车辆数 （辆）	基础油耗 （升/百公里）	节油率	节油量 （吨）	耗电 （度/百公里）	耗电量 （万度）	节省成本 （万元）
2000	10	1	2174	15	600	1397

注：每年行驶里程按 2 万公里，油价按 6.5 元/升，电价按 0.6 元/度计算。

三、交通优化效益

1. 缓解停车位压力评价。使用过分时租赁的用户，其中一部分会将分时租赁汽车作为未来驾车出行的工具，从而放弃购买私家车，进而也消除了车位需求。因此调研分时租赁对消费者潜在购买车辆的影响。在调查中，36% 的人表示使用了分时租赁之后很可能不会购买汽车；79% 的人认为会推迟购买车辆。减少停车位需求的具体计算公式如下：

每辆车缓解的停车位数量 = 替代潜在传统车的数量 - 1

= 每辆车活跃会员数量 × 不购买车辆的潜在用户数量 × 替代率 - 1

如果以本项目为例，那么每辆分时租赁汽车能够减少的停车位需求为：2166/199 × 36% - 1 = 2.92（个）。

如果按照推迟购买车辆来计算：缓解的停车位数量 = 2166/199 × 79% - 1 = 7.6（个）。

2. 用户出行效率评价。居民出行效率的测评分为以下两个方面，均采用分时租赁用户问卷调查方式进行。

（1）与公共交通系统衔接效果。对于此效果的分析，采用用户流向分析，调研用户租赁电动车前和还车后的公共交通工具换乘情况。

如图 10-4 所示，用户到达分时租赁站点采用最多的换乘方式还是公交和地铁，而其他方式次之。分时租赁和城市公共交通形成了有效的衔接。分时租赁和公共交通系统相结合，丰富了市民的出行方式。

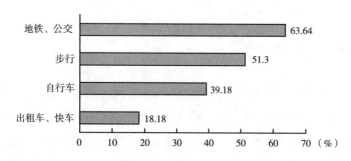

图 10-4　分时租赁用户到达租赁点的出行方式

（2）节约出行时间的效果。对于此效果的分析，采用租赁目的分析，调研用户原交通出行方式、各类出行方式的比例，进行节约时间的对比分析（见表 10-5）。

表 10-5　　　　　　　　　**用户原出行方式的出行时间对应**

原出行方式	比例（%）	每公里行驶时间（分钟）
私家车	9	1.5 ~ 2
出租车、快车	34.9	1.5 ~ 2
传统租车	2.9	1.5 ~ 2
地铁、公交	34.9	3.9
自行车	9.1	4
步行	9.1	13.5

$$节约时间 = (3.9 - 2) \times 34.9\% + (4 - 2) \times 9.1\% + (13.5 - 2) \times 9.1\%$$
$$= 1.9 （分钟/公里）$$

经过计算，分时租赁为用户出行节省时间的期望值是每公里节省 1.9 分钟。那么以一段 10 公里的出行来说，用户驾驶分时租赁汽车可以节省约 19 分钟的时间。

长期来看，如果用户形成了使用共享汽车的消费习惯，私家车的购买需求会大量减少。相反，如果居民使用私家车，城市的拥堵程度会增加。可见，分时租赁可以一定程度上改善交通状况。这是一个长期的、渐进的作用过程。

四、用户满意度

1. 用户满意度指标的选择和设计。本书将分时租赁运营效果的用户满意度测评体系分为三个层次：第一层次指标为用户满意度；第二层次为影响用户满意度的五个相关潜变量指标，包括分时租赁汽车的感知优越性、用户感知经济性、运营服务的感知便利性、布点的感知便利性、用户满意度和忠诚度；第三层次是测量第二层次各指标的显变量指标。包括对分时租赁汽车性能的感知优越性，对价格的满意程度，对分时租赁手机 App 系统、车辆操作系统等的满意度，顾客的总体期望等 27 个指标（见表 10 – 6）。

表 10 – 6　　　　　　　　　　用户满意度指标体系框架

二级指标（潜变量）	三级指标（观测变量）
分时租赁汽车的感知优越性	可靠性
	舒适性
	动力性能
	噪声
	故障频率
用户感知经济性	押金满意程度
	价格满意程度
	多次租车车费优惠
用户感知经济性	与出租车的比较
	与长租车的比较

续表

二级指标（潜变量）	三级指标（观测变量）
运营服务的感知便利性	申请加入便捷性
	手机 App 易用程度
	手机 App 信息准确程度
	自助租还车系统操作方便程度
	电动汽车驾驶难易程度
	站点整洁美观
	电动汽车干净卫生
	服务系统反应速度
	服务系统解决问题的专业性
	平台服务信息的更新速度
布点的感知便利性	租车点的便利性
	还车点的便利性
	与交通枢纽的衔接便利性
	租赁点距离
	租赁点搜寻的便利性
用户满意度和忠诚度	总体满意度
	推荐分时租赁的可能性

对于消费者的决策使用影响因素的调查，主要采用了李克特五分量表，即从"完全不符合"到"完全符合"五个程度，目的在于更准确地调查到消费者的决策动机。除此之外，调查还设计了单选题、多选题和填空题，以便从多种角度观察消费者的动机及需要。在问卷设计的过程中，除了设置正向的问题，还设置了相应的反向问题以确保问卷调查的准确性与消费者选择的客观性。此外，问卷的设计方法主要参考了纳丁·皮珀和大卫·M. 沃伊斯彻拉格的研究模型与理论框架指标体系中观测变量的构成。

第一，分时租赁汽车的感知优越性，包括对分时租赁项目采用的产品——纯电动汽车总体感知质量的测量。感知质量包括对车辆的可靠性、舒适性、动力性能、噪声和故障等方面的问项，部分问项参考了利特曼（Litman，2013）的研究给出的量表进行设计。纯电动汽车的可靠性是用户对分时租赁的纯电动汽车驾驶体验、电池续航里程等满意程度的评价。舒适性是用户对电动汽车座椅、车辆减震、操控系统、内饰等方面的总体感知。噪声大小是针对纯电动汽车噪声小优越性的感知情况。动力性能是针对纯电动汽车启动快、最高行驶速度等性能的综合评价。故障发生频率的感知反映了用户对分时租赁汽车的安全性、稳定性的感知，同时反映了用户对分时租赁汽车的信任程度。该指标可以很好地反映该电动汽车产品本身对于分时租赁项目形象的影响。

第二，感知经济性。经济和成本因素是用户决策的主要因素之一，国外多篇文献的分时租赁用户决策分析把经济因素放在首位。德国的纳丁·皮珀和大卫·M. 沃伊斯彻拉格（2014）对分时租赁的经济因素是这样解释的：对于那些不是每天出行而且短途出行的用户来讲，分时租赁与私家车相比更有价格优势，如果消费者能感知到这种成本的节约，那么他们对于企业的态度就越好，即租金越少，消费者的使用频率越高，满意度越高。感知经济性包括用户对分时租赁的押金、价格、车费优惠的预期以及相较于出租车、长租车的价格优惠程度的感知。

第三，运营服务的感知便利性，包括运营服务系统与租赁点布局两个方面。便利性对于消费者决策的影响程度非常大，它与经济因素一样可以促进用户对分时租赁服务运营商的好感度。运营服务系统的便利性有很多方面，不仅包括用户使用时搜索的信息是否准确、能否节省时间、收费标准和应用软件操作是否容易，还包括分时租赁出现故障时的服务系统评价。根据服务平台企业的ServQual 模型（Ali Raza，2015），设计运营服务的感知便利性包括申请加入便捷性、手机 App 易用程度、App 信息准确程度、自助租还车系统操作方便程度、电动汽车驾驶难易程度、站点整洁美观、电动汽车干净卫生、服务系统反应速度、服务系统解决问题专业性、平台服务信息的更新速度等方面。

第四，布点的感知便利性。斯蒂芬·M. 佐普夫和大卫·R. 凯斯（2016）在对美国的分时租赁用户进行的分析中得出站点距离与用户使用频率成反比的结论。纳丁·皮珀和大卫·M. 沃伊斯彻拉格（2014）在对于汽车共享用户行为的调查中，使用了"基础设施因素"作为参照变量，包括分时租赁与其他交通方式的连通性、到站点的距离以及与公共交通的连通性，这些参照变量的影响在数据分析中十分显著，表明消费者对于便利性有强烈的期望。此外，除了租赁点，还车点的分布密度也影响了分时租赁使用的便利性。即当需要还车时，用户能不能及时找到有空位的还车点。

第五，顾客满意度和忠诚度。在本书的指标体系中，顾客总体满意度具体设置为两个方面：总体满意度和推荐意愿。这两个问项可以综合考察满意度在不同时态下的水平。其中推荐该分时租赁项目的可能性与忠诚度有关。顾客忠诚度指的是顾客在接受过分时租赁服务的基础上，对纯电动汽车和分时租赁服务表现感到较为满意后，推荐朋友或者家人选择该服务的行为。

在上述五项指标中，前四项（分时租赁汽车的感知优越性、感知经济性、运营服务的感知便利性、布点的感知便利性）为自变量指标，后一项（顾客满意度和忠诚度）为因变量指标。

2. 样本的收集和数据的基本情况。本书的数据来源于现场访谈和网络调查问卷相结合的方式，对分时租赁项目的用户满意度测评的样本进行采集，共发放了 500 份问卷，其中 462 份有效问卷。本次调查问卷采取了五级李克特量表的形式，满意度调查问卷的题目均为 1~5 分的打分题，运用 SPSS 软件对调查数据进行处理。

本次调查中，收集到的男性样本约为女性样本的 2 倍（62.5%：37.5%），这与男性开车比例高于女性有关。有超过九成的样本年龄是在 18~35 岁，可见分时租赁调查的分时租赁使用用户呈现年轻化的特点。在文化程度上，高中及以下的样本占比不足两成，大专、本科以上的被调查者占比接近 80%，可见使用分时租赁的调查对象有一大部分是高学历人群。在是否拥有私家车的情况调查中，目前使用分时租赁的用户绝大多数还是无车人群，占比达 66%。家庭收入方面，同样有 67% 的用户人群集中在月收入 5000~15000 元的水平上。这说明分时租赁项目的实施过程中较大程度上解决了中低收入、无车群体的用车需求。

家庭人数、职业分布的差异相对来说没有上述几个样本特征的大，分布相对均匀。

3. 系统经济性。从表10-7给出的用户经济性指标满意度结果来看，与出租车比较、与长租车比较等问项的得分相对较高，分别为3.96分和4.05分。这说明用户认为分时租赁与其他租车方式相比有价格上的优势，但对于价格、优惠和押金仍有更高的期望。进一步对结果进行分析，近25%的调查用户对现有的车费优惠活动是不满意的。

表10-7　　　　　　　　　　系统经济性指标满意度　　　　　　单位：分

二级指标（潜变量）	三级指标（观测变量）	均值	总体得分
感知经济性	押金满意程度	3.73	3.80
	价格满意程度	3.57	
	多次租车车费优惠	3.67	
	与出租车的比较	3.96	
	与长租车的比较	4.05	

图10-5为系统经济性问项调研结果。

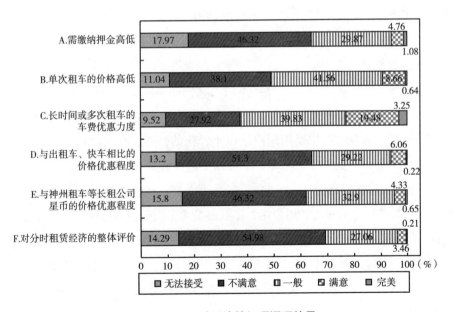

图10-5　系统经济性问项调研结果

4. 布点便利性。从表10-8给出的布点便利性指标满意度结果来看，布点便利性的总体得分不高，仅为3.53分。其中，租赁点搜寻便利性问项的得分较高，为3.88分。搜寻便利性与运营服务密切相关。而其他问项，包括租车、还车的便利性，与交通枢纽的衔接，租赁点的距离得分较低。且由于租车点的问项中包含了租赁点数量的信息，这个问项用户最不满意。进一步对结果进行分析，超过40%的调查用户认为租赁点很少，不容易找到租赁点。这说明用户认为目前分时租赁布点的密度和广度不足，是影响满意度的主要问题。

表 10-8　　　　　　　　　　布点便利性指标满意度　　　　　　　　　单位：分

二级指标（潜变量）	三级指标（观测变量）	均值	总体得分
布点便利性	租车点的便利性	3.22	3.53
	还车点的便利性	3.45	
	与交通枢纽的衔接便利性	3.49	
	租赁点距离	3.52	
	租赁点搜寻便利性	3.88	

图 10-6 为布点便利性问项调研结果。

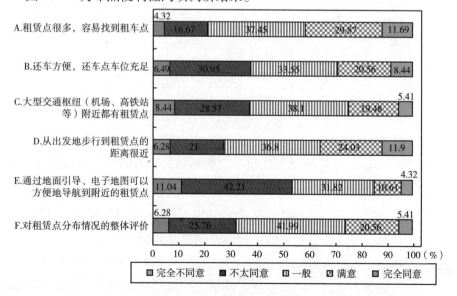

图 10-6　布点便利性问项调研结果

5. 运营服务便利性。从表 10 - 9 给出的运营服务性指标满意度结果来看，运营服务便利性的总体得分较高，为 3.87 分。尤其是关于电动汽车干净卫生程度的问项得分最高，为 4.11 分。这说明分时租赁汽车的日常维护方面得到了调查用户的肯定。虽然大部分问项得分均较高，但有两个问项值得关注：一是服务系统反应速度的问项得分相对较低，仅为 3.67 分；二是平台服务信息的更新速度得分也较低，为 3.75 分。未来分时租赁公司在和用户进行信息沟通的过程中，需要提高反应速度并加强主动性。

表 10 - 9	运营服务便利性指标满意度		单位：分
二级指标（潜变量）	三级指标（观测变量）	均值	总体得分
运营服务便利性	申请加入便捷性	3.84	3.87
	手机 App 易用程度	3.98	
	手机 App 信息准确程度	3.94	
	自助租还车系统操作方便程度	3.84	
	电动汽车驾驶难易程度	3.79	
	站点整洁美观	3.92	
	电动汽车干净卫生	4.11	
	服务系统反应速度	3.67	
	服务系统解决问题专业性	3.84	
	平台服务信息的更新速度	3.75	

图 10 - 7 是运营服务便利性问项调研结果。从各问项的回答情况来看，满意的群体均达到半数以上。

6. 分时租赁汽车的优越性。从表 10 - 10 给出的分时租赁汽车的优越性指标满意度结果来看，分时租赁汽车优越性的总体得分可以接受，为 3.84 分。电动汽车启动快等动力性能的优越性得到了肯定，问项得分为 4.19 分。但是故障发生的频率高问项、纯电动汽车的可靠性问项得分较低，纯电动汽车用户普遍存在里程焦虑和充电问题，这说明分时租赁采用的纯电动汽车本身的

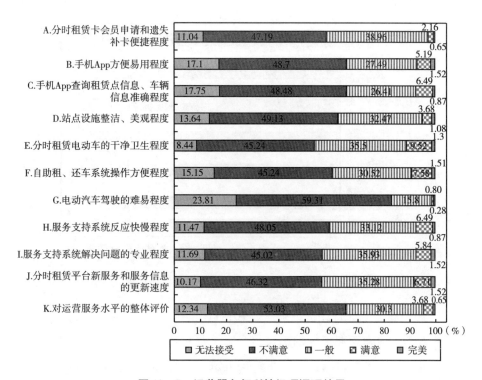

图 10-7　运营服务便利性问项调研结果

可靠性和稳定性仍是目前分时租赁用户顾虑的主要问题。

表 10-10　　　　　**分时租赁车的优越性指标满意度**　　　　单位：分

二级指标（潜变量）	三级指标（观测变量）	均值	总体得分
分时租赁汽车的优越性	可靠性	3.59	3.84
	舒适性	3.86	
	动力性能	4.19	
	噪声	3.91	
	故障频率	3.65	

图 10-8 是分时租赁车的优越性问项调研结果。各问项选择了满意的群体也达到半数以上。

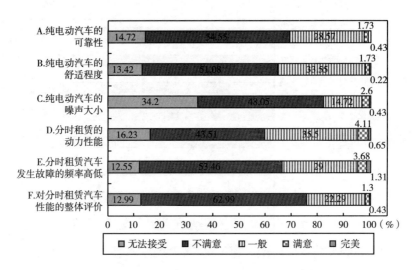

图 10 – 8   分时租赁车的优越性问项调研结果

7. 用户满意度综合评价结果。表 10 – 11 给出了总体满意度的得分为 3. 93 分，略大于各项满意度指标的综合得分。这很可能是由于新能源汽车的政策推广力度、环保属性，以及对新事物的开放和包容态度等其他外部因素影响了用户对现有分时租赁项目的整体评价。消费者依然非常看好分时租赁项目，尤其是在推荐意愿的调研中可以发现，有 95% 的被调研用户有意愿将分时租赁向朋友或家人进行推荐。

表 10 – 11　　　　　　　**分时租赁汽车的用户总体满意度**　　　　　单位：分

二级指标（潜变量）	三级指标（观测变量）	均值	总体得分
总体满意度	满意度	3. 90	3. 93
	推荐	3. 96	

在影响满意度的其他四个方面，其中本项目分时租赁的运营服务体系、分时租赁电动车的性能以及分时租赁的定价策略方面的用户评价相对较好，只有租赁点布局的用户评价相对较低（见图 10 – 9）。

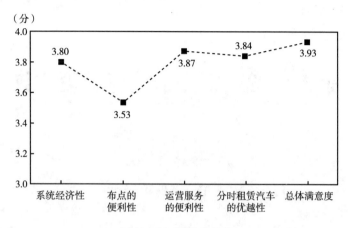

图 10 - 9　满意度得分

第十一章 研究结论与对策建议

第一节 研究结论

本书基于共享出行大数据的时空特征挖掘、用户访谈与问卷调研、网络论坛的用户反馈挖掘等方法，主要进行了共享汽车的特色出行场景画像、需求的关键影响因素分析、用户消费旅程画像，以及用户旅程关键点的影响研究。

研究发现共享汽车发展过程中存在着的问题：缺少交通系统中承载的"特色出行场景"定位；用车、还车结账和售后环节用户体验差，尤其是车况差、车内不卫生和用后的违章误判等服务质量问题严重；"用户监管技术"等核心技术发展滞后、影响运营等。

基于实证研究，本书提出了三个方面的建议。

第一，将"往返城市旅游景区的出行""城市旅游景区之间的出行""外城住宅商务混合区的午夜出行"等特色出行场景作为共享汽车企业发展初期在出行市场中的特色定位，并将特色出行场景作为其车辆投放备案和企业绩效考评的指导原则。

第二，引导共享汽车要从"用车"和"售后服务"环节开始，改进服务质量，阻断负面口碑。不必纠结于形成规模效应，服务好一城一区，甚至是一个出行场景即可。

第三，鼓励企业重视技术研发，以技术领先战略替代规模领先战略。优先发展与"用户监督管理"相关技术研发，阻断劣质用户之间的"破窗效应"，防止目标消费群体中的劣币驱逐良币。

一、共享汽车与网约车的出行场景画像

通过前期的文献调研和专家座谈，共享汽车的目标市场来自特定的出行场景，而不是特定的人群。兰伯顿和罗丝（Lamberton & Rose，2012）指出居民通常有两种出行模式：第一种是规律的出行，例如通勤；第二种是不规律出行，如会友、休闲出行等。由于规律出行的发生频率和可预测性都很高，人们更倾向购买交通工具，例如私家车。从城市居民的出行结构来看，市民一般不会以共享作为日常主要出行方式（上海市城乡建设和交通发展研究院，2017）。对于不规律出行，因为需求少、偶发性大，选择共享出行是更加经济和方便的。共享平台就是将不频繁发生的消费需求汇聚在一起，集中供应并实现盈利（Burlando et al.，2020）。对于共享出行服务来说，所有人都会产生休闲、会友、购物等不规律的出行需求，因此研究人群特征是没有意义的，研究不同的出行场景特征意义更大。

以北京地区某分时租赁公司 2017 年 5 月 1 ~ 30 日的出行订单和 2018 年 4 月 23 ~ 29 日的网约车出行订单为研究对象，笔者结合城市兴趣点数据，利用地理信息层次聚类、关联规则等方法挖掘了共享汽车的典型出行场景，并进行比较分析。结合代表性 OD 城市功能对的时空特征，分别推断分时租赁和网约车的典型出行场景。

1. 网约车主要服务于"通勤出行"和"市内商务区之间的出行"，两种出行场景分别占网约车订单总量的 40.3% 和 28.7%。

2. 分时租赁主要服务非通勤出行，其特色出行场景是"往返城市旅游景区的出行""城市旅游景区之间的出行""外城住宅商务混合区的午夜出行"，分别占分时租赁订单总量的 24.4%、6.9% 和 5.5%。

3. 在分时租赁的特色出行场景中，分时租赁与网约车或传统租车等共享出行方式相比费用更低，仅占其费用的 25% ~ 35%，具有较大的竞争优势。

二、需求的影响因素研究

从共享出行服务经济性、服务便利性、消费者日常出行方式因素、社交属性、环境保护因素、政策导致的用车稀缺性感知风险、布点和与其他交通互通等基础设施因素七个层面分解分时租赁共享汽车和共享单车的需求影响因素。

各影响因素的平均分数出现了 3 个峰值：环保因素、经济因素与便利性因素，即对分时租赁消费决策影响最大的是用户自身的环保意识与对低廉价格的偏好。平均分数最低的社交属性对消费者影响不明显。

1. 环保因素。根据调研结果，自身的环保意识会促使潜在消费者或共享汽车服务的使用者选择共享汽车服务出行。调研对象也比较认同为保护环境会尽量少使用私家车，多使用共享汽车的观点。

2. 经济因素。经济性，即是否省钱。对此，调研问卷让受访者分别比较了共享电动汽车与出租车和私家车的成本认知。无论是已使用过共享电动汽车服务或是未使用过该服务的用户，对价格都非常敏感。有65.5%的受访者认同共享汽车比私家车更具经济性；59.0%的受访者认同共享汽车比出租车更省钱；56.1%的受访者相信有了共享电动汽车服务可以负担得起频繁地开车出行。

3. 便利性。便利性包括站点距离、充电桩密度、出行时间、与其他交通方式互联互通等。分时租赁服务的便利与否对消费者的使用意愿有着决定性的影响。例如，共享电动汽车与其他交通方式连通性对使用决策的影响结果中，63.64%的受访者认同如果与其他交通方式换乘便利将考虑使用共享汽车。

三、共享汽车用户旅程画像

旅程地图可以追随用户的脚步，将用户使用服务时的偏好和期望进行归纳，标签化处理，发现用户使用过程中的痛点和甜蜜点。用户旅程地图是将客户需求分解到每一次与企业的互动中，使之更容易被理解和认知（王赛，

2017）。用户旅程地图与场景研究相辅相成，完善用户画像研究。从用户旅程地图更能反映已使用用户对共享汽车服务的需求和认知，研究结果显示出已用用户看重的服务重点与用户使用前的关注点有很大差异。

用户表达出不满意的数据大部分集中在车内卫生环境、车况、车辆部分性能以及动力和电池续航性能等问题降低了驾驶体验感。通过对资深用户先进行访谈得到了影响用户满意的关键节点。关键节点中等待点会影响顾客的忠诚度，决策点则会直接或间接地影响消费意愿。

四、结合用户旅程的用户反馈及其影响研究

首先通过网络论坛中收集分时租赁共享汽车的客户评论数据构建在线评论库。在百度论坛中选取了 2018～2020 年，包含"共享汽车""EVCARD""GoFun""华夏出行""盼达出行""长安出行""摩范出行（华夏出行子品牌)""立刻出行"等分时租赁品牌中英文名称的贴吧中，共 2.06 万条主题帖，10.32 万条回帖。其次构建客户旅程、进行服务关键触点分析。通过对不愉快触点与消费情感态度和口碑互动的频繁项挖掘，进行不愉快触点的相关影响分析。

在 2018 年和 2019 年获得融资前后，分时租赁行业的服务不满意率不降反升。分时租赁服务的不愉快触点集中在使用过程、还车结账和售后服务环节。售后服务痛点，尤其是还车后的违章误判，最容易引发不信任和不满意两种情绪导致负面口碑；还车结账痛点由于涉及费用，也容易引发不满意和不信任两种情绪。分时租赁使用过程中的痛点分两种情况：其中对车辆不熟悉的技术讨论帖，通常不会引发很强的口碑传播；涉及车辆有质量问题的讨论帖，则易引发不满意，导致中度口碑扩散。

不愉快服务触点的产生原因体现了分时租赁服务在产品、体量和规模、与经营伙伴关系、技术和服务意识 5 个方面的问题。尤其是"用户管理技术缺失"，不仅导致车辆剐蹭、车内不卫生、车况差、行驶意外事故等用车阶段的服务痛点，还导致了还车后被误判违规等售后服务阶段的服务痛点。这引

发了大量负面口碑扩散。在负面口碑扩散过程中，其他用户了解到"技术无法准确判定违规行为"后，纷纷有了恣意用车、违规还车的念头，产生了破窗效应进而导致更多的服务难题、更多的负面口碑，并引发了服务负面体验的恶性循环。

第二节　对策建议

研究发现，共享汽车的特色出行场景中分时租赁或网约车与其他交通出行方式相比，或者费用更低，或者更具备私密性和灵活性，具有较大的竞争优势。共享出行企业可以将本书挖掘到的特色出行场景作为重点市场定位，提供区别于其他交通出行方式的差异化服务，更好地推广和运营。

政策管理部门在出台共享出行企业布点和车辆投放指导条例时，在备案管理和监督规范企业行为时，可以将共享出行的特色出行场景作为重要考量依据。帮助共享出行企业发挥自身优势，做好城市交通的补充。

通过对共享汽车用户旅程中用户反馈、情感态度和口碑的分析，发现虽然共享出行服务的问题体现在车辆、体量和规模、与经营伙伴关系、技术和服务意识等多个方面，但用户监督管理技术缺失尤为突出：一是它是导致用户责任风险、不良顾客、卫生清洁等问题背后最深层次的原因；二是其容易通过负面口碑传播引发用户间的破窗效应，导致负反馈循环。

具体改善措施与建议包括：

第一，共享汽车可将最具代表性的"城市短途旅游出行"和"外城住宅商务混合区的午夜出行"等非通勤出行场景作为自己的市场定位。当考察此类出行场景的空间特性时发现分时租赁出行距离大于网约车。这凸显了分时租赁私密性好、出行距离长的业务特色。

第二，分时租赁共享汽车在其特色出行场景中比其他共享汽车更具有成本优势。根据出行订单统计的每类特色出行场景的平均时长，并根据各类共享汽车的价目表数据测算的出行费用。研究发现，分时租赁与网约车或传统租车等其他共享出行方式相比费用更低，仅占其费用的 25%～35%，具有较大的竞争优势。分时租赁企业可以将本书挖掘到的特色出行场景作为目标市场，提供区别于网约车的差异化服务，争取用户青睐。

第三，分时租赁共享业务已显示出了补充城市公共交通运力的价值，值得交通管理部门进一步扶持推广。在出行场景频繁集中，唯一的一类与城中心商务区或生态公园风景名胜区无关的出行场景——"外城住宅商务混合区之间的出行"也引人注目，占比为 5.5%，同样高于网约车中此类出行的占比。当考察此类出行场景的时间特性时发现订单很少发生在白天，通常在 22：00～2：00 达到用车高峰。该出行场景正发生在公共交通和出租车供给空白的时空里。该研究结果从侧面证明了分时租赁可以作为城市交通系统的有力补充。

第四，鼓励共享出行行业发展车联网技术、车辆控制技术等对汽车各部件实时监控的技术手段，加强用户监督管理能力、用户行为鉴别能力、用户信用准确记录的能力。对共享出行企业实行科技奖励、税收减免等鼓励措施。

第五，鼓励共享出行企业在战略目标中以技术研发领先战略取代规模领先战略。通过对 2019 年和 2020 年的用户论坛实证考察后发现用户监管等核心技术在用户反馈中是空白的。用户依然对取还车定位错误、还车误扣费、违规停车误判、交通违规误判等抱怨很多，并且没有其他用户为共享出行方申辩。引发原因可能有两个：其一是用户没感知到新技术的应用，原因是沟通宣传不够，引发的用户认知有限；其二是部分技术只是在概念或技术的展示阶段，并未真正实践。对此，建议对真正实现了蓝牙＋网络双道控车技术、自动泊车技术、人脸识别辨认驾车者真实信息技术、T－box 车联网技术记录车辆状态和用户行为、AI 技术判别车辆损毁和卫生状况落地的共享单车和网约车企业进行宣传，提升其行业地位和社会地位。此外，让技术领先的企业带头进行技术标准的全行业推广。

参 考 文 献

［1］艾媒咨询．2018中国共享单车发展现状专题研究［R］．2018－12－25.

［2］陈国强，梁亚坤．基于情境体验的移动室内地图需要与策略研究［J］．包装工程，2017，38（12）：94－98.

［3］陈惠敏．顾客旅程地图——探索用户行为背后的动机和意义［J］．环球市场信息导报，2016（33）：14.

［4］陈卫东，杨若愚，杨浩博．我国新能源汽车分时租赁发展的现状、问题与对策研究——以上海市"EVCARD"模式为例［J］．综合运输，2017（8）.

［5］陈小鸿，成嘉琪，叶建红，等．共享汽车用户及出行时空特征分析［J］．同济大学学报（自然科学版），2018，46（6）：796－803，841.

［6］丁晓华，王冕，陈岩，等．电动汽车共享商业模式的发展［J］．科技导报，2016，492（6）：107－112.

［7］丁晓华，王冕，陈岩，张英杰，等．电动汽车共享商业模式的发展［J］．科技导报，2016（6）：105－110.

［8］段莹丽，蒲勇健．汽车分时租赁政策研究及对我国的启示［J］．汽车工业研究，2017（3）：34－40.

［9］方浩，张丹丹，张言林，等．智能用车APP用户体验量化模型构建［J］．包装工程，2017，38（20）：120－125.

［10］冯亮．共享汽车展望与未来［J］．科技经济导刊，2019（21）.

［11］高原．共享经济的现状及其在中国的发展趋势［J］．经营管理者，2015（35）：232.

［12］国家信息中心分享经济研究中心，中国互联网协会分享经济工作委员会．中国共享经济发展年度报告（2018）［R］．2018 - 2 - 27.

［13］国信证券经济研究所．2018 年共享汽车行业深度分析报告［R］．2018（6）.

［14］何玉莲，章宏泽．基于用户体验的导向标识系统设计研究——以上海中心大厦为例［J］．装饰，2017.

［15］黄文彬，吴家辉，徐山川，等．数据驱动的移动用户行为研究框架与方法分析［J］．情报科学，2016，34（7）：14 - 20，40.

［16］黄文彬，徐山川，吴家辉，等．移动用户画像构建研究［J］．现代情报，2016，36（10）：54 - 61.

［17］惠英，孙芹路，丁勐涛，等．汽车共享会员出行特征及效用分析——以杭州"车纷享"为例［J］．上海城市规划，2018，139（2）：26 - 32.

［18］惠英，孙芹路，孙天宇．新型拥车方式选择行为的影响因素研究［J］．综合运输，2017（8）：61 - 65，114.

［19］杰西·格里姆斯，李怡淙．服务设计与共享经济的挑战［J］．装饰，2017（12）：14 - 17.

［20］兰静，诸大建．可持续交通消费的接受和使用行为研究——基于上海市汽车共享的调查［J］．中国人口·资源与环境，2016，26（11）：98 - 105.

［21］李鲁苗．我国新能源汽车分时租赁发展现状、问题及建议［J］．汽车纵横，2019（8）.

［22］李文秀．低碳经济与中国经济发展模式转型［J］．中国电子商情；科技创新，2014.

［23］刘静，孙向红．什么决定着用户对产品的完整体验？［J］．心理科学进展，2011，19（1）：94 - 106.

［24］刘菊，许珺，蔡玲，等．基于出租车用户出行的功能区识别［J］．地球信息科学学报，2018，20（11）：1550 - 1561.

［25］刘洋，李克，任宏．服务设计视角下的共享单车系统分析［J］．包

装工程，2017，38（10）：11－18.

[26] 刘征驰，蒋贵艳，马滔. 服务质量、需求强度与共享出行平台定价——基于平台封闭与开放策略的视角 [J]. 中国管理科学，2021，29（9）：224－235.

[27] 吕晓菲. 共享汽车发展的困境及其对策研究——与共享单车对比论证 [J]. 现代商业工贸，2017（19）.

[28] 罗兰贝格. 2018 年中国汽车共享出行市场分析预测报告 [R]. 2017－2.

[29] 罗兰贝格. 汽车分时租赁如何在中国获得成功 [R]. 2018－3.

[30] 罗桑扎西，甄峰，尹秋怡. 城市公共自行车使用与建成环境的关系研究——以南京市桥北片区为例 [J]. 地理科学，2018，38（3）.

[31] 彭波，白宇，闫芳. 2017－2018 年是汽车分时租赁发展关键期 [EB/OL]. 汽车商业评论，http：//auto. sohu. com/20170209/n480326229. shtml.

[32] 前瞻产业研究院. 中国共享汽车商业模式创新与投资机会深度分析报告 [R]. 2018－4－20.

[33] 钱岳，丁效，刘挺，等. 聊天机器人中用户出行消费意图识别方法 [J]. 中国科学：信息科学，2017（47）：997－1007.

[34] 乔英俊，纪雪洪. 发展共享汽车推动汽车强国建设 [J]. 中国工程科学，2018，20（1）：120－126.

[35] 荣朝和. 互联网共享出行的物信关系与时空经济分析 [J]. 管理世界，2018，34（3）：101－112.

[36] 荣萍，罗祎辰. 引领汽车产业新趋势——EVCARD 电动汽车分时租赁助力"智慧交通"建设 [J]. 中国高新区，2016（17）：54－58.

[37] 孙昱平. 国内分时租赁模式共享汽车发展浅析 [J]. 经济纵横，2020（1）.

[38] 田若琳. 关于我国共享汽车的现状与发展的思考 [J]. 丝路视野，2017（31）.

[39] 王丽丽. 互联网背景下的汽车共享模式与对策 [J]. 中国科技论坛, 2017 (9): 72 - 77, 97.

[40] 王玉梅, 胡伟峰, 汤进, 梁峭. 基于用户体验旅程的旅游明信片服务设计 [J]. 包装工程, 2016, 37 (22): 158 - 163.

[41] 韦伟, 吴春茂. 用户体验地图、顾客旅程地图与服务蓝图比较研究 [J]. 包装工程, 2019, 40 (14): 217 - 223.

[42] 吴春茂, 陈磊, 李沛. 共享产品服务设计中的用户体验地图模型研究 [J]. 包装工程, 2017, 38 (18): 62 - 66.

[43] 吴春茂, 李沛. 用户体验地图与触点信息分析模型构建 [J]. 包装工程, 2018, 39 (24): 172 - 176.

[44] 咸文文. 电动汽车分时租赁运营模式研究 [D]. 北京: 北方工业大学, 2016.

[45] 徐娟芳. 面向 80 后的智能床设计策略 [J]. 包装工程, 2016, 37 (14): 105 - 108.

[46] 杨宝路, 冯相昭. 我国共享交通的现状、问题分析与发展建议 [J]. 环境保护, 2017, 45 (24): 49 - 52.

[47] 杨军, 林洋佳, 陈杰军, 等. 未来城市共享电动汽车发展模式 [J]. 电力建设, 2019, 40 (4): 49 - 59.

[48] 叶亮, 杨东援. 汽车共享与机动化管理在中国的发展与应用研究 [C]. 2010 中国可持续发展论坛, 2010 年专刊.

[49] 余传明, 田鑫, 郭亚静, 等. 基于行为—内容融合模型的用户画像研究 [J]. 图书情报工作, 2018, 62 (13): 54 - 63.

[50] 张国伍. 分时租赁, 智慧出行——"交通 7 + 1 论坛"第四十三次会议纪实 [J]. 交通运输系统工程与信息, 2016 (4): 1 - 10, 249.

[51] 张立章, 徐顺治, 纪雪洪, 张淑谦. 汽车分时租赁行业发展政策研究 [J]. 宏观经济管理, 2019 (7).

[52] 张钦. 德国绿党生态主张演变与影响探析 [D]. 北京: 北京外国

语大学，2015.

[53] 张荣花，关宏志，赵磊，等. 考虑汽车共享服务的出行方式选择影响因素研究 [J]. 交通运输研究，2020，6（3）：48-54.

[54] 张锐. 分享经济：商业模式·价值创造·变革红利 [J]. 西南金融，2016（2）：3-6.

[55] 赵光辉. 基于分享经济的汽车共享研究：欧洲镜鉴 [J]. 中国市场，2016（35）：84-91.

[56] 赵天翔. 滴滴出行：让服务设计抵达地面 [J]. 装饰，2017（12）：36-37.

[57] 中国互联网信息中心. 2018 中国互联网发展状况统计报告 [R]. 2018-2-1.

[58] 周彪，周溪召，李彬. 基于上海市消费者的汽车共享选择分析 [J]. 上海理工大学学报，2014，36（1）：97-102.

[59] 周敏. 摩拜对决 ofo：共享单车"火"了 [J]. 沪港经济，2016（11）：18-24.

[60] Alexander L, Jiang S, Murga M and González M C. Origin-destination trips by purpose and time of day inferred from mobile phone data [J]. Transp. Res. Part C, 2015（58）：240-250.

[61] Barth M and Shaheen S. Shared-use vehicle systems：framework for classifying carsharing, station cars, and combined approaches [J]. Transportation Research Record：Journal of the Transportation Research Board, 2002（1791）：105-112.

[62] Becker H. Comparing car-sharing schemes in switzerland：user groups and usage patterns [J]. Transportation Research Part A Policy & Practice, 2017（97）：17-29.

[63] Botsman R. Sharing's not just for start-ups：what marriott, GE, and other traditional companies are learning about the collaborative economy [J]. Har-

vard Business Review, 2014, September: 23 – 25.

[64] Brockmann D, Hufnagel L and Geisel T. The scaling laws of human travel [J]. Nature, 2006, 439 (7075): 462 – 465.

[65] Burkhardt J and Millard – ball A. Who is attracted to carsharing? [J]. Transportation Research Record: Journal of the Transportation Research Board, 1986 (1): 98 – 105.

[66] Chen Z, Liu B, Hsu M, et al. Identifying intention posts in discussion forums [C]. In: Proceedings of Conference of the North American Chapter of the Association for Computational Linguistics—Human Language Technologies, Atlanta, 2013: 1041 – 1050.

[67] Ciari F, Weis C and Balac M. Evaluating the influence of carsharing stations' location on potential membership: a Swiss case study [J]. Euro Journal on Transportation & Logistics, 2016, 5 (3): 345 – 369.

[68] Clavel R, Mariotto M and Enoch M P. Carsharing in France: past, present and future [C]. Transportation Research Board 88th Annual Meeting, Jan. 2009, Washington DC, Paper No. 09 – 2007.

[69] Costain C, Ardron C and Habib K. Synopsis of users behaviour of a carsharing program: a case study in Toronto [C]. Paper Presented at the Transportation Research Board 91st Annual Meeting, Jan. 2012, Washington DC.

[70] De Luca S and Di Pace R. Modelling users' behaviour in inter – urban carsharing program: a stated preference approach [J]. Transportation Research Part A, 2015, 71 (1): 59 – 76.

[71] Ding X, Liu T, Duan J, et al. Mining user consumption intention from social media using domain adaptive convolutional neural network [C]. In: Proceedings of Association for the Advancement of Artificial Intelligence, Austin, 2015: 2389 – 2395.

[72] Duan J W, Chen Y H, Liu T, et al. Mining intention – related products

on online Q&A community [J]. Journal of Computer Science & Technology, 2015, 30 (5): 1054 – 1062.

[73] Efthymiou D, Antoniou C and Waddell P. Factors affecting the adoption of vehicle sharing systems by young drivers [J]. Transport Policy, 2013, 29 (4): 64 – 73.

[74] Everitt B S, Landau S, Leese M and Stahl D. Hierarchical Clustering [M]. John Wiley & Sons, Ltd, 2011: 71 – 110.

[75] Expert P, Evans T S, Blondel V D and Lambiotte R. Uncovering space – independent communities in spatial networks [J]. Proceedings of the National Academy of Sciences, 2011, 108 (19): 7663 – 7668.

[76] Fournier S, Eckhardt G and Bardhi F. Learning to play in the new "share economy" [J]. Harvard Business Review, 2013, July – August: 125 – 129.

[77] Franz E. Prettenthaler and Karl W. Steininger. From ownership to service use lifestyle: the potential of car sharing [J]. Ecological Economics, 1999, 28 (3): 443 – 453.

[78] Gao S, Liu Y, Wang Y and Ma X. Discovering spatial interaction communities from mobile phone data [J]. Transactions in GIS, 2013, 17 (3): 463 – 481.

[79] Goldberg A B, Fillmore N, Andrzejewski D, et al. May all your wishes come true: a study of wishes and how to recognize them [C]. In: Proceedings of Human Language Technologies: the 2009 Annual Conference of the North American Chapter of the Association for Computational Linguistics, Boulder, 2009: 263 – 271.

[80] Gonzalez M C, Hidalgo C A and Barabasi A L. Understanding individual human mobility patterns [J]. Nature, 2008 (453): 779 – 782.

[81] Guo X, Wang D Z W, Wu J, et al. Mining commuting behavior of urban rail transit network by using association rules [J]. Physica A: Statal Mechanics and its Applications, 2020 (559): 0378 – 4371.

［82］Hart M, Roberts M J and Stevens J D. Zipcar: refining the business model ［J］. Harvard Business School Cases, 2003, No. 096 – 803.

［83］He L, Mak H Y, Rong Y, et al. Service region design for urban electric vehicle sharing systems ［J］. Manufacturing & Service Operations Management, 2017, 19 (2): 309 – 327.

［84］Jiang S, Alves A, Rodrigues F, Ferreira Jr J C and Pereira F. Mining point – of – interest data from social networks for urban land use classification and disaggregation ［J］. Comput. Environ. Urban Syst, 2015 (53): 36 – 46.

［85］Juster T F. Consumer buying intentions and purchase probability: an experiment in survey design ［J］. Journal of the American Statistical Association, 1966, 61 (213): 658 – 696.

［86］Kelley K L. Casual carpooling—enhanced ［J］. Journal of Public Transportation, 2007, 10 (4): 119 – 130.

［87］Kim D, Ko J and Park Y. Factors affecting electric vehicle sharing program participants' attitudes about car ownership and program participation ［J］. Transportation Research Part D: Transport and Environment, 2015, 36D (May): 96 – 106.

［88］Kung K S, Greco K, Sobolevsky S and Ratti C. Exploring universal patterns in human home-work commuting from mobile phone data ［J］. PLoS ONE, 2014, 9 (6): e96180.

［89］Lamberton C P and Rose R L. When is ours better than mine? a framework for understanding and altering participation in commercial sharing systems ［J］. Journal of Marketing, 2012, 76 (4): 109 – 125.

［90］Lindloff K, Pieper N, Bandelow N C and Woisetschläger D M. Drivers of car-sharing diffusion in Germany: an actor – centredapproach ［J］. Automotive Technology and Management, 2014, 14 (Nos. 3/4): 217 – 245.

［91］Litman T. Evaluating carsharing benefits ［J］. Transportation Research

Record Journal of the Transportation Research Board, 2000, 1702 (1): 31 –35.

[92] Litman T. Evaluating carsharing benefits [J]. Transportation Research Record: Journal of the Transportation Research Board, 2000 (1702): 31 –35.

[93] Liu A, Wuest T, Wei W, et al. Application of prospect theory on car sharing product service system [J]. Procedia CIRP, 2014 (16): 350 –355.

[94] Liu Y, Kang C, Gao S, Xiao Y, and Tian Y. Understanding intra – urban trip patterns from taxi trajectory data [J]. Journal of Geographical Systems, 2012, 14: 463 –483.

[95] Louail T, et al. From mobile phone data to the spatial structure of cities [J]. Sci. Rep. 2014 (4): 5276; DOI: 10. 1038/srep05276.

[96] Mairie de Paris. Déplacements, autopartage á Paris, mairie de Paris [EB/OL]. Paris, France, 2007. http: //www. paris. fr/portail/deplacements. Last accessed 17 June 2008.

[97] Mark S. Rosenbaum, mauricio losada otalora, germán contreras ramírez. how to create a realistic customer journey map [J]. Business Horizons, 2017, 60 (1).

[98] Marquez J J, Downey A and Clement R. Walking a mile in the user's shoes: customer journey mapping as a method to understanding the user experience [J]. Internet Reference Services Quarterly, 2015, 20 (3 –4): 135 –150.

[99] Meijkamp R. Changing consumer behaviour through eco – efficient serv- ices: an em – pirical study of car sharing in the Netherlands [J]. Business Strate- gy and the Environment, 1998, 7 (4): 234 –244.

[100] Millard – ball A, Murray G, Schure J T, et al. Car – sharing: where and how it succeeds [J]. Tcrp Report Transportation Research Board of the Nation- al Academies, 2005.

[101] Mitchell W, Borroni – Bird C and Burns L. Reinventing the automo- bile: personal urban mobility for the 21st century [J]. Issues in Science & Tech- nology, 2010, 464 (7286): 163.

[102] Nysveen H, Pedersen P E and Thorbjørnsen H. Intention to use mobile services: antecedents and cross – service comparison [J]. Journal of the Academy of Marketing Science, 2005, 33 (3): 330 – 346.

[103] Phithakkitnukoon S, Horanont T, Lorenzo G Di, Shibasaki R and Ratti C. Activity – aware map: identifying human daily activity pattern using mobile phone data [M]. In: Human Behavior Understanding, 2010: Springer, 14 – 25.

[104] Rosenbaum M S, Otalora M L and Germán Contreras Ramírez. How to create a realistic customer journey map [J]. Business Horizons, 2017, 60 (1): 143 – 150.

[105] Rousseeuw P J. Silhouettes: a graphical aid to the interpretation and validation of cluster analysis [J]. Journal of Computational and Applied Mathematics, 1987 (20): 53 – 65.

[106] Shaheen S A and Cohen A P. Carsharing and personal vehicle services: worldwide market developments and emerging trends [J]. International Journal of Sustainable Transportation, 2013, 7 (1): 5 – 34.

[107] Shaheen S and Cohen A. Growth in worldwide carsharing: an international comparison [J]. Transportation Research Record: Journal of the Transportation Research Board, 2007 (1992): 81 – 89.

[108] Shaheen S A, Schwartz A and Wipyewski K. Policy considerations for carsharing and station cars: monitoring growth, trends, and overall impacts [J]. Transportation Research Record, 2004 (1887): 128 – 136.

[109] Shaheen S A, Sperling D and Wagner C. A short history of carsharing in the 90's [J]. Journal of World Transport Policy & Practice, 1999, 5 (3): 18 – 40.

[110] Shaheen S, Cohen A and Chung M. North american carsharing: a ten – year retrospective [J]. Transportation Research Record: Journal of the Transportation Research Board, 2009 (2110): 35 – 44.

［111］ Shaheen S, Cohen A and Roberts J. Carsharing in North America: market growth, current developments, and future potential ［J］. Transportation Research Record Journal of the Transportation Research Board, 2005 (1986): 116 – 124.

［112］ Shaheen S, Guzman S and Zhanq H. Bikesharing in Europe, the Americas and Asia: past, present and future ［J］. Transportation Research Record: Journal of the Transportation Research Board, 2010 (2143): 159 – 167.

［113］ Shi L, Chi G, Liu X, Liu Y. Human mobility patterns in different communities: a mobile phone data-based social network approach ［J］. Annals of GIS, 2015, 21 (1), 15 – 26.

［114］ Simini F, González M C, Maritan A, Barabási A – L. A universal model for mobility and migration patterns ［J］. Nature, 2012 (489): 96 – 100.

［115］ Song C, Koren T, Wang P, et al. Modelling the scaling properties of human mobility ［J］. Nature Physics, 2010, 6 (10): 818 – 823.

［116］ Stephen M Zoepf and David R Keith. User decision – making and technology choices in the U. S. carsharingmarket ［J］. Transport Policy, 2016, 51 (Oct.): 150 – 157.

［117］ Tran T D, Ovtracht N D and Arcier B F. Modeling bike sharing system using built environment factors ［J］. Procedia CIRP, 2015 (30): 293 – 298.

［118］ Wang J, Cong G, Zhao W X, et al. Mining user intents in Twitter: a semi – supervised approach to inferring intent categories for Tweets ［C］. In: Proceedings of Association for the Advancement of Artificial Intelligence, Austin, 2015: 318 – 324.

［119］ Wang Y, Correia G, Arem B and Timmermans H J P. Understanding travellers' preferences for different types of trip destination based on mobile internet usage data ［J］. Transportation Research Part C, 2018 (90): 247 – 259.

［120］ Wesolowski A, O'Meara W P, Eagle N, Tatem A J, Buckee C O. Evaluating spatial interaction models for regional mobility in Sub – Saharan Africa

[J]. PLoS Comput Biol, 2015, 11 (7): e1004267.

[121] Wolf J, Guensler R and Bachman W. Elimination of the travel diary: experiment to derive trip purpose from global positioning system travel data [J]. Transportation Research Record Journal of the Transportation Research Board, 2001 (1768): 125 –134.

[122] Wolny J and Charoensuksai N. Mapping customer journeys in multichannel decision – making [J]. Journal of Direct, Data and Digital Marketing Practice, 2014, 15 (4): 317 –326.

[123] Womack J P. The real EV challenge: reinventing an industry [J]. Transport Policy, 1994, 1 (4): 266 –270.

[124] Wu L, Leung H, Jiang H, Zheng H, Ma L. Incorporating human movement behavior into the analysis of spatially distributed infrastructure [J]. PLoS ONE, 2016, 11 (1): e0147216.

[125] Xiao Y, Wang F, Liu Y and Wang J. Reconstructing gravitational attraction of major cities in China from air passenger flow data 2001 –2008: a particle swarm optimization approach [J]. Professional Geographer, 2013 (65): 265 –282.

[126] Yang H and Li Y. Identifying user needs from social media [R]. IBM Res Div, 2013: 1 –10.

[127] Yan X Y, Zhao C, Fan Y, Di Z, Wang W X. Universal predictability of mobility patterns in cities [J]. J. R. Soc. Interface, 2014 (11): 20140834.

[128] Yuan J, Zheng Y and Xie X. Discovering regions of different functions in a city using human mobility and POIs [C]. In: Proceedings of the 18th ACM SIGKDD International Conference on Knowledge Discovery and Data Mining – KDD'12. 2012, ACM Press, New York, USA.

[129] Zhao D, Wang W, Ong GP and Ji Y. An association rule based method to integrate metro – public bicycle smart card data for trip chain analysis [J]. Journal of Advanced Transportation, 2018 (2018): 1 –11.